Le sommeil du nourrisson

De la même auteure

Rêves & Créativité
Comment atteindre ses objectifs par les rêves
Préface de Roger St-Hilaire
Éditions Le Dauphin blanc - 2003

S.O.S. cauchemars
Techniques pour s'en libérer
Préface de France Castel
Flammarion Québec - 2005

Le rêve et ses bénéfices
Découvrez-les à travers des témoignages
Préface de Nicole Gratton
Éditions L'ABC des Rêves et du Sommeil - 2007

Mieux dormir... j'en rêve !
Stratégies pour mieux dormir
adaptées à la femme et à l'homme modernes
Préface du Dr Jean Drouin
Les Éditions de Mortagne - 2009

Comment aider mon enfant à mieux dormir
De la naissance à l'adolescence
Préface de Germain Duclos
Les Éditions de Mortagne - 2009

Une discipline sans douleur
Dire non sans marchandage, sans cris et sans fessée
Les Éditions de Mortagne - 2010

Comprendre les dessins de mon enfant
Les Éditions de Mortagne - 2011

La sieste chez l'enfant
Préface du Dr François Dumesnil, psychologue
Les Éditions de Mortagne - 2012

Catalogage avant publication de Bibliothèque et Archives nationales du Québec et Bibliothèque et Archives Canada

Langevin, Brigitte, 1964-
Le sommeil du nourrisson
ISBN 978-2-89074-975-7

1. Nourrissons - Sommeil. 2. Sommeil, Troubles du, chez l'enfant. I. Titre.

RJ506.S55L362 2011   618.92'8498   C2011-940068-5

Édition
Les Éditions de Mortagne
Case postale 116
Boucherville (Québec)
J4B 5E6
Distribution
Tél. : 450 641-2387
Téléc. : 450 655-6092
Courriel : info@editionsdemortagne.com
Tous droits réservés
Les Éditions de Mortagne
© Ottawa 2011
Dépôt légal
Bibliothèque et Archives Canada
Bibliothèque et Archives nationales du Québec
Bibliothèque Nationale de France
1er trimestre 2011
ISBN : 978-2-89074-975-7
5 6 7 – 11 – 16 15 14 13
Imprimé au Canada

Nous reconnaissons l'aide financière du gouvernement du Canada par l'entremise du Fonds du livre du Canada (FLC) et celle du gouvernement du Québec par l'entremise de la Société de développement des entreprises culturelles (SODEC) pour nos activités d'édition. Gouvernement du Québec – Programme de crédit d'impôt pour l'édition de livres – Gestion SODEC.

 Membre de l'Association nationale des éditeurs de livres (ANEL)

Brigitte Langevin

Le sommeil
du nourrisson

ÉDITIONS DE MORTAGNE

À tous les parents dévoués
qui aiment tellement leur bébé
qu'ils ne peuvent tout simplement
pas se résoudre à lui dire bonne nuit !

À tous les bébés
qui rêvent de bénéficier
d'un sommeil ininterrompu.

REMERCIEMENTS

Je remercie tous ceux qui ont organisé mes conférences sur ce sujet. Les expériences et les questions stimulantes des centaines de parents et intervenants de la petite enfance qui y ont participé m'ont fourni l'occasion d'affiner et de clarifier le contenu de ce livre. Les plus aidants auront été bien entendu les parents qui m'ont permis de les accompagner directement sur le terrain, donc au cœur même de l'apprentissage au sommeil de leur nourrisson. Je les remercie du plus profond de mon cœur.

Un merci rempli de gratitude à deux mamans qui ont amélioré le contenu du livre par leur participation : Ève-Annick Brossard, maman de Camille, pour la conception de la grille servant à noter la progression de la stratégie des 15 secondes et Julie Dionne, maman de Charlotte, pour sa relecture méticuleuse du manuscrit et ses commentaires astucieux.

Enfin, un merci rempli reconnaissance à l'équipe dynamique des Éditions de Mortagne qui témoigne un enthousiasme renouvelé à la présentation de chacun de mes manuscrits.

TABLE DES MATIÈRES

INTRODUCTION

Bien que le sommeil soit encore de nos jours un phénomène mystérieux de la vie humaine, les connaissances actuelles sont heureusement suffisantes pour aider les familles à avoir de meilleures nuits de repos.

Nous savons d'ores et déjà que les bébés ne naissent pas avec un gène des bonnes habitudes de sommeil ; celles-ci doivent être apprises. Or, c'est dès la naissance que se construit le rapport au sommeil. Selon les habitudes adoptées, on devient un bon ou un mauvais dormeur. Les parents ont une responsabilité éducative majeure à assumer dans ce domaine. Il leur appartient de se renseigner sur les mécanismes du sommeil, d'en comprendre les enjeux et d'adopter les bonnes attitudes.

Lorsque j'ai entrepris les consultations sur le sommeil des enfants, je ne pouvais m'imaginer avec quelle facilité un nourrisson pouvait apprendre à faire ses nuits... si on lui en donnait l'occasion. Le secret réside, bien entendu, dans la préparation des parents et la bonne santé du bébé. En fait, vous avez plus d'influence que vous ne le pensez sur le sommeil de vos enfants.

Vous vous familiariserez dans ce petit livre avec le fonctionnement d'un sommeil normal, les besoins en sommeil, les mythes sur le sommeil, la nature des différents troubles de sommeil, les conditions d'une bonne hygiène de sommeil et la stratégie adaptée pour favoriser l'apprentissage au sommeil chez les nourrissons. Par ailleurs, vous découvrirez au cours de votre lecture un texte destiné aux papas et un autre aux mamans. Je vous invite à ne pas sauter ces pages, même si vous désirez commencer votre lecture directement par la stratégie proposée.

Ce livre porte particulièrement sur le sommeil du nourrisson, c'est-à-dire l'enfant ayant entre 8 semaines et 8 ou 9 mois. Dans l'éventualité où vous ne trouveriez pas toutes les réponses à vos questions dans les pages qui suivent ou si vous désirez vous renseigner sur le sommeil des enfants plus vieux (de 1 à 16 ans), je vous invite à vous procurer le livre *Comment aider mon enfant à mieux dormir,* publié aux Éditions de Mortagne.

Que vos prochaines nuits de sommeil soient les meilleures ! Bonne lecture !

Chapitre 1

TÉMOIGNAGES

Voici ce qu'en disent des parents :

– *Bonjour Madame Langevin, j'ai assisté, récemment, à une de vos conférences téléphoniques (téléconférences). À la suite des conseils donnés à différents parents que j'ai entendus, j'ai décidé de les appliquer. Mes nuits et celles de mon tout-petit vont beaucoup mieux et il dort plus longtemps le matin. MERCI BEAUCOUP !*

Véronique Simard

– *Bonjour Brigitte, à la suite de notre appel, il y a eu un gros travail et une émotion intense afin que mon petit coco de 4 mois dorme bien. J'ai eu envie d'abandonner bien des fois mais... grâce à vos conseils et à vos encouragements, j'ai finalement réussi. Du petit pleurnichard qu'il était, il est devenu souriant et toujours de bonne humeur. Wow ! C'est tellement agréable. En plus, dormir toute une nuit... j'adore ! Je suis une maman reposée et enfin j'ai l'énergie pour jouer avec mes deux autres cocottes de 2 et 3 ans. Merci d'être là pour nous.*

Mélanie Ouellet

— *Il fallait que je t'écrive pour te remercier... Jacob (10 semaines) fait maintenant de belles nuits et de belles siestes dans la journée. Dès que je vois apparaître les signes de fatigue, je le calme et je le dépose dans son lit. Il chigne un peu et s'endort tout de suite. C'est merveilleux ! J'ai un petit bonhomme tellement de bonne humeur dans la journée que j'apprécie encore plus les moments que je partage avec lui ! J'ai maintenant plus de facilité à reconnaître les besoins de Jacob. J'ai vraiment l'impression qu'il me dit merci de respecter son rythme et de le comprendre... On peut dire que tu es arrivée à point dans nos vies, juste à temps pour que Jacob prenne de bonnes habitudes de sommeil. On devrait tellement être mis au courant des besoins en sommeil de bébé et surtout* comment y répondre, dans les cours prénataux. En tout cas, je peux te dire que je parle de toi et de tes conseils à mes amis. J'en ai même parlé à ma dentiste qui a une cocotte de 4 mois qui ne fait toujours pas ses nuits !

Linda, Markus et bébé Jacob

— *Bonjour, Brigitte, je voulais simplement vous faire part de mon expérience après être allée à votre conférence sur le sommeil des enfants à la maison de quartier il y a un peu plus d'un mois... Dès le lendemain, j'ai appliqué ce que j'avais appris. Ma fille Elsa, de 3½ mois, fait maintenant dodo toute seule comme une grande. Je mentirais si je disais que ce fut facile... J'ai failli abandonner dès la première soirée, mais j'ai eu un bon appui de mon chum et de ma mère. Elsa fait maintenant des dodos de 12 heures, de 7 h 30 le soir à 7 h 30 le matin, et de belles siestes.*

Sindy Lapointe

— *Bonjour, Brigitte, je t'écris simplement pour te remercier, pour les conseils que tu nous as donnés. Pour toi ce n'est peut-être pas grand-chose, mais pour notre famille, la vie a changé ! Nous avons débuté les stratégies dodo de nuit le 6 mars dernier avec notre Charlie de 6 mois. Le 9 mars, elle faisait ses nuits. Le même jour, j'ai commencé pour les dodos de jour. Ça a pris entre 5 et 7 jours à Charlie pour bien assimiler (et accepter !) sa nouvelle routine. C'est merveilleux, elle dort 2 heures le matin, 2 heures l'après-midi et le soir, à 19 h, dodo sans un mot dans son lit, jusqu'à 6 h le lendemain... Je crois rêver !! J'ai enfin repris le contrôle sur mes journées ; je peux cuisiner, lire, faire le ménage, parler au téléphone... et retrouver une poulette en pleine forme après ses beaux dodos ! J'ai compris des choses sur le sommeil de bébé mais aussi sur mon comportement par rapport au sommeil de mon bébé. Je faisais beaucoup d'erreurs. Je veux encore 2 autres enfants (j'aimerais me rendre à 4 !), je me sens maintenant mieux outillée ! Merci pour ton bon travail, je parle de toi à tout le monde !*

Geneviève Robitaille

— *Ton livre est vraiment excellent. Bravo et merci pour cet outil précieux. Impossible de résister, je vais devoir en parler souvent et l'offrir en cadeau à des copines aussi. Tu es une perle rare qu'on a envie de faire découvrir.*

Carolyne Dubé, intervenante par le rêve.

Vous êtes maintenant rassurés et convaincus que votre bébé peut dormir ? Et vous, vous voulez mieux dormir ? Alors tournez cette page avec confiance.

Chapitre 2

LA STRUCTURE DU SOMMEIL DU NOURRISSON

D ans son livre intitulé *Chut ! Fais dodo...*[*], le Dr Nadia Gagnier, psychologue, explique que l'activité du cerveau se traduit, au cours des 24 heures d'une journée complète, par la succession de différents niveaux de vigilance qui caractérisent l'état de conscience et la capacité d'attention chez un individu. Par exemple, chez l'adulte, il y a l'éveil, le sommeil lent (composé de sommeil profond et léger) et le sommeil paradoxal (appelé aussi sommeil de rêves). Chez le nourrisson, on peut distinguer quatre états de vigilance :

- Le sommeil calme (équivalent du sommeil lent chez l'adulte) est caractérisé par la quasi-immobilité du

[*] Gagnier, Nadia. *Chut ! Fais dodo...*, Vive la vie... en famille – Volume 3, Montréal, Éditions La Presse, 2007, 80 p.

bébé. Sa respiration est calme et régulière. Ses yeux sont fermés et sans mouvements.

- Le sommeil agité (équivalent du sommeil paradoxal chez l'adulte) est caractérisé par la présence de mouvements oculaires rapides ainsi que par de légers mouvements corporels, mais la plupart du temps le bébé est en atonie musculaire (muscle sans tonus). Son visage est aussi très expressif. Ses yeux peuvent parfois s'entrouvrir et son visage exprime les six émotions fondamentales : la colère, la surprise, le dégoût, la peur, la tristesse et la joie. Cet état induit souvent le parent en erreur, qui croit alors que le bébé est réveillé ou souffrant, qui le prend et, du même coup, le réveille.

- L'éveil calme est rare dans la première année de vie. Il s'agit de brefs moments (quelques minutes) au cours desquels le bébé peut être attentif à son environnement. Cependant, un bébé qui n'a aucun éveil calme dans sa journée est un bébé qui ne dort pas assez.

- L'éveil agité, avec ou sans pleurs, est assez fréquent dans la journée. Le bébé est alors peu attentif à son environnement. Un bébé qui n'a que des éveils agités est, encore une fois, un bébé qui ne dort pas assez.

Chez le nourrisson, un cycle de sommeil dure entre 30 et 45 minutes. Le bébé peut généralement dès la naissance enchaîner plusieurs cycles de sommeil totalisant de 2 à 4 heures d'affilée. Si votre bébé s'éveille régulièrement au bout d'un cycle, il est préférable de veiller à ne pas le stimuler (ne pas le prendre, par exemple) et à le laisser dans son lit en le caressant un peu pour lui permettre de se rendormir.

Le sommeil de nuit va s'allonger de plus en plus vers la 8e semaine. Le sommeil de jour va progressivement s'organiser en trois périodes de siestes, soit une le matin, une en début d'après-midi et une autre en fin d'après-midi (souvent avec l'aide du parent).

L'étude des différents états de vigilance est fascinante, mais l'essentiel à retenir est que les bébés se réveillent naturellement et régulièrement pendant de brefs instants tout au long de la nuit et lors des siestes. Un bon dormeur s'abandonne de lui-même au sommeil et se rendort sans aide. Et tous les bébés, sans exception, peuvent devenir de bons dormeurs.

Chapitre 3

LES BESOINS EN SOMMEIL

Bien que tous les bébés soient uniques, un point demeure commun à tous : ils ont besoin de dormir. À partir de leurs recherches, les pédiatres Challamel et Thirion ont estimé que le total des heures de sommeil dont les bébés ont besoin par période de 24 heures est généralement le même selon leur tranche d'âge et selon leur poids*.

---

* Challamel, Marie-Josèphe et Marie Thirion. *Mon enfant dort mal*, coll. Évolution, Paris, Pocket, 2003, 383 p.

DE 0 À 8 SEMAINES
(moins de 5 kg – 12 lb)

Sommeil total requis : environ 16 ou 17 heures

Que votre bébé soit nourri au sein ou au biberon, vous ne pouvez pas vous attendre à ce qu'il fasse ses nuits dès les premières semaines, c'est-à-dire à ce qu'il dorme de 5 à 6 heures d'affilée. Si c'est le cas, et qu'il est en santé, dites-vous que vous êtes un parent chanceux et profitez-en pour dormir vous aussi.

La plupart des nouveau-nés dorment seulement de 1 à 3 ou 4 heures à la fois. Parce qu'ils n'ont pas encore assez de réserves pour dormir de longues heures d'affilée, la faim les réveille souvent. Par conséquent, ils prennent leur sommeil par bribes. La règle énoncée par la psychologue Anne Bacus est de ne pas les maintenir éveillés plus de 2 heures à la fois[*].

---

[*] Bacus, Anne. *Le sommeil de votre enfant*, Paris, Éditions Marabout, 2007, 286 p.

Parfois ils dorment davantage le jour que la nuit. Toutefois, vers la fin du deuxième mois, si votre bébé continue de dormir principalement le jour, il faudra éviter de le stimuler la nuit (par exemple, en prenant soin de le nourrir à la pénombre, de ne pas trop lui parler, de le manipuler le moins possible) et faire l'inverse le jour durant les périodes d'éveil. Votre bébé constatera ainsi qu'il a avantage à dormir la nuit.

Ne vous en faites pas, les deux premiers mois ne durent pas toute la vie !

DE 3 À 7 OU 8 MOIS
(6 ou 7 kg et plus – 13 ou 14 lb et plus)

Sommeil total requis : environ 16 heures
(11,5 heures la nuit ; 4,5 heures en trois siestes)

L'horloge biologique de votre bébé différencie désormais la nuit du jour. Il passe plus de temps éveillé le jour et dort durant de plus longues heures la nuit. Ce changement est en partie attribuable au fait qu'il est de plus en plus éveillé, curieux et sociable, et de moins en moins dérouté par le monde qui l'entoure. De plus, parce que son estomac se développe et peut contenir davantage de nourriture, votre bébé peut tenir plus longtemps entre chaque boire. Une bonne majorité des bébés commencent même vers 10 ou 12 semaines à dormir 7 ou 8 heures d'affilée. Vers 6 mois, et parfois bien avant selon son poids, il n'y a plus lieu de nourrir le bébé la nuit. Si votre bébé n'arrive pourtant pas à faire ses nuits, il aura sans doute besoin d'aide. Nous y reviendrons plus loin.

DE 9 À 12 MOIS

Sommeil total requis : environ 15 heures
(11,5 heures la nuit ; 3,5 heures en deux siestes)

Par rapport à la tranche d'âge précédente, le besoin de sommeil nocturne de votre bébé demeure inchangé : il est de 11 à 12 heures de sommeil et il en sera ainsi pour au moins les 10 prochaines années. Au cours de cette période, la sieste de fin d'après-midi disparaît. Un bébé qui la réclame encore est un bébé qui ne dort pas assez dans sa sieste de début d'après-midi. Voir le tableau suivant pour connaître la durée moyenne de sommeil selon l'âge.

Durée moyenne de sommeil chez l'enfant selon l'âge

Âge	Nuit	Jour	Nombre de siestes et durée
1 sem.	8 à 10 h	8 à 10 h	Sommeil ponctué de nombreux réveils.
1 mois	8 à 10 h	7 à 9 h	Dort durant des périodes de 3 ou 4 heures.
3 mois	9 à 12 h	5 à 6 h réparties en 4, 5 ou 6 siestes	Différencie la nuit du jour. S'il dort plus le jour que la nuit, il faut éviter toute stimulation la nuit (garder la lumière éteinte et ne pas trop lui parler durant les boires) et augmenter les stimulations le jour (jouer, lui parler, le mettre à la clarté du jour, etc.) entre les siestes.
4 à 8 mois	11 à 12 h	3 à 4 h en 3 siestes	Sieste le matin, en début d'après-midi et courte sieste (environ 45 min) en fin d'après-midi.
9 à 17 mois	10 à 12 h	2 à 4 h en 2 siestes	Sieste en matinée (entre 8 h 30 et 10 h) et une autre en début d'après-midi (entre 12 h 30 et 15 h).

Âge	Nuit	Jour	Nombre de siestes et durée
18 à 23 mois	10 à 12 h	2 à 3 h en 1 sieste	Longue sieste en début d'après-midi (entre 12 h 30 et 15 h).
2 à 3 ou 4 ans	10 à 12 h	1 à 2 h	Sieste en début d'après-midi (entre 13 h et 15 h).
4 et 5 ans	10 à 12 h	30 à 45 min	Détente après le repas du midi sans l'obligation de dormir.

Des études ont démontré que tous les bébés du monde, qu'ils soient nés en Amérique, en Équateur ou en Europe, ont besoin d'autant de sommeil. L'horaire peut varier en fonction de la culture, mais la quantité de sommeil demeure sensiblement la même.

Chapitre 4

LES BONNES PRATIQUES

Les associations que le bébé établit par rapport au sommeil conditionnent la manière dont il gère ses réveils périodiques et son endormissement... et cela parfois pour toute sa vie ! Les pédiatres Challamel et Thirion sont formelles à cet effet : ces associations sont dites adaptées si elles favorisent l'autonomie, c'est-à-dire la capacité de s'endormir seul, et inadaptées si l'enfant est dépendant d'un objet ou d'une personne pour trouver le sommeil. Tous les enfants forment de telles associations et souvent avec la participation des parents. Par exemple, un bébé habitué à s'endormir en étant bercé ou caressé par son parent ne parviendra pas à se rendormir dans sa couchette sans un bercement ou sans la chaleur d'une main dans son dos. Il pleure alors jusqu'à ce que quelqu'un vienne recréer les conditions qu'il associe au sommeil, dans ce cas-ci, le bercement ou la caresse. Un tel enfant a donc acquis, avec le concours de ses parents, une association inadaptée au sommeil.

Pour qu'un bébé soit capable de trouver par lui-même le sommeil au cours d'une nuit ou d'une sieste, il doit en faire l'apprentissage. S'il s'endort chaque soir et à chaque sieste dans les bras de papa ou de maman, il aura besoin d'eux lorsqu'il se réveillera pour se rendormir et prolonger son cycle de sommeil.

Pour que votre bébé n'ait pas de difficulté à se rendormir pendant ses éveils nocturnes et durant les siestes, il doit être couché alors qu'il est encore éveillé et vous devez le laisser trouver son sommeil tout seul. Bien des parents sont tentés d'endormir leur bébé dans leurs bras pour ensuite le déposer dans son lit. Mais comme un bébé a régulièrement des micro-réveils durant son sommeil, s'il ne retrouve pas, durant ceux-ci, les conditions dans lesquelles il s'est endormi, en l'occurrence les bras de papa ou de maman, il lui est alors impossible de se rendormir. Non seulement il s'éveille en pleurant fort, mais de plus il fragilise ensuite son sommeil pour s'assurer fréquemment que ses conditions d'endormissement n'ont pas changé. L'insécurité qu'il ressent alors le rend très sensible aux bruits de la maisonnée (téléphone, radio, télévision, conversation, etc.) et il se réveille au moindre d'entre eux.

Le lieu idéal pour le sommeil d'un bébé est son berceau ou son lit, même s'il dort dans la chambre parentale. Son lit ne doit pas être trop grand, car les bébés aiment se sentir à l'étroit durant les premières semaines de vie. Toutefois, à partir de 3 ou 4 mois, l'enfant devenant plus conscient de son environnement, il est préférable qu'il puisse dormir dans une chambre à part. Si cela n'est pas possible, un environnement doit lui être dédié, par exemple un coin à lui séparé par un rideau ou un meuble, afin qu'il ait l'impression d'être seul. S'il sent la présence de ses parents à ses côtés, le bébé la réclame beaucoup plus facilement et il ne comprend alors pas pourquoi ses parents ne réagissent pas comme d'habitude. C'est d'autant plus vrai lorsqu'il est allaité. Avec son odorat très fin, il sait tout de suite que maman est proche de lui et que son lait est disponible.

Une autre bonne pratique consiste à ne laisser bébé dormir que dans son lit, dans l'obscurité la nuit et dans la pénombre le jour. Si bébé dort de temps à autre dans le porte-bébé, en poussette, en auto, dans vos bras tandis que vous sautillez, dans une balançoire, etc., ne soyez pas surpris de constater qu'il se met à pleurer dès que vous le déposez dans son lit pour le coucher. Devant ce comportement, certains parents en viennent à croire que bébé a peur de son lit, que le matelas est douloureux, que la couleur de la pièce est agressante, que la couchette n'est pas bien orientée dans la pièce, que bébé n'aime pas sa chambre, qu'il s'agit d'un petit dormeur, etc. Or, il ne s'agit de rien de tout cela. En fait, ce qui se produit, c'est que bébé a dormi pendant 9 mois dans des conditions particulières, soit à l'étroit, dans le bruit et le mouvement et qu'en le laissant dormir ailleurs que dans son lit vous avez reproduit à votre insu les conditions d'endormissement qui avaient cours dans le ventre de maman. Ensuite, lorsque vous le déposez dans son lit, il est convaincu qu'il ne peut pas dormir et se met à pleurer.

Voici 21 fausses croyances entourant le sommeil des bébés*. Ces 21 croyances sont autant de raisons pour lesquelles les parents deviennent rapidement confus devant le comportement à adopter.

- *Les bébés allaités tardent à faire leurs nuits.*

  En fait, ils ne tardent pas davantage que les bébés qui sont nourris au biberon. La différence tient dans le comportement du parent qui nourrit l'enfant. Si la mère laisse l'enfant s'endormir au sein ou si le père laisse le bébé s'endormir avec le biberon, le bébé associera la tétée à l'endormissement. Il aura donc besoin du sein ou du biberon pour se rendormir après ses éveils nocturnes. Il y a moyen de profiter des bienfaits de l'allaitement tout en favorisant une autonomie de l'endormissement chez le bébé.

---

* Inspirées des 10 mythes les plus répandus sur le sommeil, présentés dans le livre du Dr Cathryn Tobin, *Bébé fait ses nuits*, et du chapitre sur les mythes du sommeil dans le livre du Dr Nadia Gagnier, psychologue, *Chut ! Fais dodo...*

- *Mon bébé se réveille parce qu'il a faim.*

Après l'âge de 6 à 8 semaines environ, la faim n'est plus le moteur de réveil du bébé. Cependant, celui-ci peut apprécier se retrouver au biberon ou au sein même s'il n'est pas affamé. Tout comme les adultes, les bébés mangent pour d'autres raisons que la faim. Par exemple, un bébé peut téter (sein ou biberon) parce que c'est le seul moyen qu'il connaît pour s'endormir. Il est important de noter qu'après l'âge de 12 à 14 semaines, alors que le bébé pèse plus de 6 ou 7 kg (14 à 16 lb), la faim n'est pas en cause lorsqu'il est question de problèmes de sommeil.

- *Il faut faire silence afin que mon bébé dorme bien et longtemps.*

Dans le ventre de sa mère, le bébé a été habitué à dormir dans le bruit. Une fois né, cela demeure donc acceptable pour lui de dormir dans le bruit quotidien de la maison. Faire en sorte d'éliminer tous les bruits quand bébé est endormi reviendrait à créer des conditions artificielles de sommeil, difficiles à maintenir en tout temps, dont bébé serait vite dépendant. Les électroménagers peuvent être en fonction (lave-vaisselle, sécheuse, laveuse), le téléphone peut sonner, le téléviseur et la radio peuvent émettre des sons et vous pouvez discuter avec une amie. En fait, c'est le gros bon sens qui doit vous guider, par exemple si la laveuse est située contre un mur de la chambre de bébé et qu'elle cogne contre celui-ci lors de l'essorage, ce n'est évidemment pas une bonne idée de faire le lavage lorsque bébé dort.

• *Si j'ai des troubles de sommeil, mon bébé en a aussi.*

Les bébés ne souffrent pas d'insomnie. L'apprentissage au sommeil chez les nourrissons se fait selon les associations que le parent crée. Si elles sont inadaptées, comme cela arrive lorsqu'on a pris l'habitude de l'endormir en le nourrissant, le bébé dormira mal. Si elles sont adaptées, comme c'est le cas lorsqu'on le couche réveillé dans son lit, il aura un très bon sommeil même si le parent souffre d'insomnie. Soyez d'autant plus vigilant si votre sommeil est de piètre qualité, car il se pourrait que votre problème de sommeil remonte à votre enfance.

• *Il est plus facile d'apprendre à un bébé plus âgé à faire ses nuits ou de bonnes siestes.*

Plus vous attendez, plus vous risquez de renforcer l'association inadaptée et plus elle sera alors difficile à changer.

- *Je dois rassurer mon bébé la nuit, car il a peur du noir.*

  Détrompez-vous, la peur du noir apparaît seulement vers l'âge de 24 mois. Avant cet âge, c'est fort probablement votre propre peur que vous projetez sur votre bébé. Sachez toutefois que surmonter la peur du noir fait partie intégrante du développement de l'enfant ; rares sont les enfants qui échappent à cette peur, fréquente entre 2 et 5 ans.

- *Les bébés, ça peut dormir partout.*

  Oui, pour les deux premiers mois, mais en vieillissant bébé devient de plus en plus conscient de son environnement et ne fait que des « power nap », afin de ne rien manquer de ce qui se passe autour de lui. Il devient alors grincheux pendant les périodes d'éveil et refuse par la suite catégoriquement de dormir dans son lit le jour.

- *Faire dormir un bébé dans le lit des parents est une bonne façon de régler ses problèmes de sommeil.*

  Une majorité de pédiatres et de psychologues déconseillent aux parents de faire dormir leur bébé dans le lit conjugal, surtout lorsqu'ils sont tentés de le faire en réaction à ses problèmes de sommeil. À court terme, toute la famille finit par dormir, mais les problèmes reviennent rapidement dès que les parents tentent à nouveau de faire dormir le bébé dans son propre lit.

- *Dormir avec bébé permet de prévenir le syndrome de la mort subite du nourrisson (SMSN).*

Selon les dernières recherches, ce qui prévient le mieux le syndrome de la mort subite est de coucher le bébé sur le dos, et ce, dans son propre lit. D'ailleurs, l'*Association des pédiatres du Québec* déconseille de laisser dormir un bébé de moins de 6 mois dans le lit de ses parents, car les lits pour adultes accroissent le risque de SMSN ou de suffocation.

- *Lorsque mon bébé de 5 mois se tourne de lui-même sur le ventre, je dois immédiatement aller le retourner pour éviter la mort subite du nourrisson.*

Lorsque le bébé arrive à se tourner seul, il est préférable de le laisser faire. On lui permet ainsi d'apprendre à dormir dans plusieurs positions et à se retourner seul de nouveau s'il est mal à l'aise. Si vous le retournez, cela peut devenir un petit jeu agréable pour lui, sauf que... lorsque c'est le temps de dormir, ce n'est pas le moment de jouer.

- ***Un bébé que l'on maintient éveillé le jour s'endort plus facilement le soir et dort plus longtemps.***

Au contraire, s'il saute une sieste, il peut s'épuiser, être incapable de s'endormir et avoir des réveils nocturnes plus fréquents. Mieux un bébé dort le jour, mieux il dormira la nuit ; mieux il dort la nuit, mieux il dormira le jour !

- ***Mon bébé ne démontre jamais de signes de fatigue.***

Les signes de fatigue les plus souvent inaperçus chez les bébés sont le fait de gigoter, de se trémousser et de s'agiter continuellement. Un bébé qui ne peut fixer son attention quelques secondes sur un jouet est souvent un bébé très fatigué.

- ***Mon bébé est un petit dormeur.***

Dans une population, on ne compte que 5 % de « vrais » petits dormeurs. Pour savoir si un bébé a assez dormi, il existe deux points de repère qui ne mentent pas : il s'éveille en gazouillant *ET* il ne manifeste aucun signe de fatigue durant l'heure qui suit son réveil.

- *Si mon bébé dort trop longtemps le matin, il ne dormira plus l'après-midi*.

Les bébés ont besoin d'une sieste le matin jusqu'à l'âge de 18 mois environ. Leur couper la sieste le matin trop tôt, c'est leur apprendre à combattre le sommeil. Il n'est pas rare alors qu'ils contestent aussi la sieste de l'après-midi.

- *La percée dentaire perturbe le sommeil*.

C'est parfois vrai, mais la percée dentaire est souvent une excuse facile lorsque vient le temps de trouver une cause aux problèmes de sommeil. Les dents poussent le jour aussi. Si, durant la journée, il n'y a pas de symptômes de poussée dentaire (salivation abondante, éruptions cutanées sur les joues ou le menton, irritations au fessier et parfois irritabilité), alors durant les réveils nocturnes il ne s'agit pas de cela non plus.

- *Les difficultés d'endormissement, les réveils nocturnes ou les courtes siestes finissent par se corriger d'eux-mêmes à la longue.*

  Pour une grande majorité des bébés, les problèmes de sommeil iront en empirant et non en s'améliorant si vous n'agissez pas. Sachez que les problèmes de sommeil ne disparaissent pas par magie.

- *Les bébés dorment en fonction de leurs besoins.*

  Si seulement c'était vrai ! Les bébés résistent au sommeil comme les chats fuient l'eau. Les parents doivent s'assurer que leur bébé dort suffisamment. Voir en annexe A une série de questions qui vous aideront à le vérifier.

- *Plus mon bébé se couche tard le soir, plus il va se lever tard le matin.*

  Qu'on se le dise : 99 % des bébés sont des lève-tôt. Un bébé se réveille normalement entre 6 et 7 heures. S'il s'éveille avant 6 heures c'est trop tôt ; s'il se réveille après 7 heures, vous êtes des parents chanceux, profitez-en !

- *Je suis disposé à me lever la nuit pour mon bébé et il se rendort rapidement. C'est donc correct de le faire.*

En effet. Cependant, si de mauvaises habitudes s'installent en cours de route, votre bébé risque de s'exposer à des problèmes de sommeil qui peuvent persister longtemps.

- *Pleurer fera du tort à mon bébé sur le plan psychologique.*

Ici, on ne parle pas d'un bébé en proie à la panique parce qu'il a été réveillé par un coup de tonnerre. Un bébé qui combat son sommeil ou conteste la sieste peut bien pleurer tout son saoul, il n'est tout simplement pas content. C'est son seul moyen de l'exprimer et il y a droit. J'ai connu des parents qui, par principe, préféraient ne pas intervenir pour de tels pleurs. Or, leurs bébés ne sont pas devenus différents des autres tant sur les plans mental, psychologique qu'émotionnel. J'ai même constaté qu'ils se développaient beaucoup mieux parce qu'ils étaient reposés et ainsi plus aptes à participer aux activités de stimulation. Cela dit, il est également possible de soutenir son bébé dans l'apprentissage au sommeil sans le laisser dans son lit jusqu'au lendemain matin. Quoi qu'il en soit, les parents qui croient que l'apprentissage au sommeil se fait sans pleurs se trompent.

Chapitre 5

CULPABILITÉ... DISPARAIS !

Si vous vous êtes reconnus, chers parents, en lisant les croyances énumérées au chapitre précédent, peut-être qu'un sentiment de culpabilité vous a pris d'assaut, c'est humain, mais c'est aussi destructeur et surtout paralysant.

Être parent pour la première fois constitue l'une des expériences les plus terrifiantes, les plus envahissantes et, en même temps, les plus sublimes qui soit. Bien souvent, ce raz-de-marée émotionnel anéantit une bonne partie de notre capacité de raisonner. Avec le recul, plusieurs parents sont perplexes face à certaines de leurs décisions : « Comment ai-je pu faire une chose pareille ! » s'exclament-ils. Laissez-moi vous raconter une petite anecdote à ce sujet.

Lorsque ma fille avait environ 6 mois, elle a eu son premier rhume et s'est retrouvée avec le nez bouché. Impossible pour elle de bien respirer et donc de bien dormir. En tant que « bonne » maman, je suis allée voir le pédiatre, qui m'a remis une prescription pour un produit qui dégage les voix nasales. Le pharmacien m'a très bien expliqué comment faire, mais je ne l'ai pas écouté, tout ce que je voulais, c'était arriver à la maison pour soulager ma fille le plus vite possible. De retour à la maison, j'ai aussitôt mis des gouttes dans le nez de ma fille. Elle s'est mise à crier et à hurler, son nez est devenu tout rouge et elle se tortillait dans tous les sens. Paniquée, j'ai appelé ma mère en catastrophe et elle m'a alors demandé de lire les indications sur l'étiquette du produit : « METTRE QUELQUES GOUTTES DANS LE LAIT » ! Je venais d'irriter le nez de ma belle cocotte en y mettant un produit qui n'y allait pas. Je me suis sentie la mère la plus indigne que la terre ait porté !

L'étais-je vraiment ? Mais pas du tout ! Il n'y a ni mauvais ni bons parents. Il n'y a que des parents qui prennent leurs responsabilités ou pas (malheureusement !). Ma fille ne pouvait pas bien respirer, j'ai consulté un médecin et je lui ai donné un produit pour la soulager. J'ai donc agi en tant que parent responsable. En fait, que s'est-il passé ? J'ai simplement fait une erreur. Eh oui, j'ai fait une erreur ! Est-ce condamnable ? Pas du tout. En ai-je refaits ? OUI... mais pas deux fois la même !

Être parent, c'est être un humain en apprentissage et être responsable d'un plus petit que soi. Les erreurs font donc partie intégrante du parcours. Nous subissons tellement de pression de notre entourage et de la société en général pour performer comme maman, comme papa, comme épouse, comme époux, comme travailleuse, comme travailleur, qu'on oublie notre condition humaine. C'est vrai que c'est difficile d'être parent et que c'est un travail continu (je suis bien placée pour le savoir, car ma fille aura 20 ans cette année). Par conséquent, c'est d'autant plus important de s'accorder le droit à l'erreur. Donc, si à un certain moment, vous devez faire un geste qui va à l'encontre de ce que vous avez appris dans ce livre, donnez-vous ce droit, quitte à devoir corriger votre façon de faire ensuite.

Par ailleurs, les bébés sont extrêmement sensibles aux émotions des parents. Si vous ressentez de la détresse à l'idée d'apprendre à votre bébé à dormir seul, attendez ! Tout ne se joue pas dans les premiers mois de la vie. J'ai, dans ma clientèle, des parents très tolérants qui n'ont pas dormi une nuit entière avant que leur bambin n'ait atteint l'âge de 2 ans. Attendre si longtemps avant de dormir une nuit complète n'est pas souhaitable, mais plus vous serez conscients de vos ressentis dans votre démarche et de ce que vous êtes prêts à faire, mieux votre bébé s'en portera.

Si vous étiez dans l'erreur et avez perpétué une habitude de sommeil inadaptée, changer cette habitude demandera évidemment un effort à votre bébé et il l'exprimera par des pleurs très forts. Je vous invite alors à lui parler et à lui dire que vous êtes profondément désolé, qu'il peut exprimer (décharger) ses émotions en pleurant fort, que cela lui fera du bien et que vous l'aimez. Même s'il ne comprend pas encore les mots, il pourra ressentir ce que vous dites et cela l'aidera à se calmer.

Chassez la culpabilité, laissez place à la responsabilité et allez chercher les outils dont vous avez besoin pour faire votre travail de parent en donnant le meilleur de vous-mêmes, quitte à faire quelques erreurs de parcours. Vos enfants ne vous en tiendront jamais rigueur et ils vous aimeront... sans condition. Surtout n'en doutez plus, vous êtes des parents formidables !

Chapitre 6

LE DOUDOU, MODE D'EMPLOI

Le doudou symbolise le lien entre la mère et l'enfant et sert à consoler l'enfant, à le réconforter et à lui donner du courage. Le doudou n'est pas un jouet. Cet objet de texture et d'odeur particulières est indispensable à l'endormissement de certains enfants. Il s'agit habituellement d'un objet mou se moulant facilement au corps et se transportant aisément. L'enfant peut s'y attacher pendant plusieurs années, parfois jusqu'à l'âge de 7 ans ou même plus. Pour qu'un objet soit promu au rang de « doudou suprême », il doit être choisi ou créé par l'enfant. Ce choix s'effectue vers 7 ou 8 mois. Environ un enfant sur deux possède un doudou.

Toutefois, compte tenu du rôle si précieux du doudou, vous pouvez inciter votre bébé à en choisir un qui soit pratique, par exemple, une petite couverture que vous mettrez toujours à plat sous sa tête dans son lit, à partir de l'âge de 3 ou 4 mois. Il serait encore mieux que sa mère dorme une nuit avec cette couverture afin qu'elle l'imprègne de son odeur. Avec un peu de chance, le bébé s'y attachera.

Gardez un œil sur le doudou lors de vos déplacements. Perdre son doudou est pour certains enfants un vrai drame dont ils se souviennent encore à l'âge adulte.

Chapitre 7

LA TÉTINE, OUI OU NON ?

La tétine (aussi appelée suce ou sucette) est souvent donnée aux nourrissons lorsqu'ils pleurent. Il est incontestable que téter les apaise. Certains bébés ont parfois besoin de téter plus souvent et plus longtemps que ne le requiert leur alimentation. Les laisser téter au sein plus longtemps que nécessaire ou encore leur offrir un biberon de lait supplémentaire ne convient pas. De plus, rares sont les mamans qui trouvent plaisir, à long terme, de devenir la « tétine » de leur bébé en les laissant téter continuellement au sein.

Téter est un besoin légitime. Certains bébés trouveront rapidement leur poing, puis leur pouce, ce qui est le meilleur moyen de satisfaire seul leur besoin de téter. Des parents très attentionnés empêchent parfois leur bébé d'essayer de trouver leur pouce par eux-mêmes en donnant la tétine rapidement, craignant l'effort trop grand. Ces bébés comprennent vite qu'ils n'ont qu'à la réclamer en pleurant pour que la tétine arrive dans leur bouche. À partir de ce moment, pourquoi feraient-ils l'effort de se contenter de façon autonome ?

Le problème survient après l'âge de 3 mois. Pour le bébé, la tétine est rapidement associée au fait de se calmer et de s'endormir. Il la réclame donc souvent durant la journée et le parent se sent disposé à la lui donner. Mais il la réclame aussi durant la nuit, chaque fois qu'il a un micro-réveil et qu'il réalise qu'il ne l'a pas. S'il a été habitué à s'endormir avec sa tétine, il est alors convaincu qu'il ne peut se rendormir sans elle. Toutefois, à cet âge, il n'est pas capable de retrouver sa tétine dans son lit et encore moins de la remettre correctement dans sa bouche. Donc, bébé se réveille et appelle (en pleurant plus ou moins fort) ses parents. Ceux-ci, devenus insomniaques à force de se lever pour aller la lui rendre, connaissent bien ce problème.

Comment réagir ? Téter, quand on est un nouveau-né, c'est très bien. La règle est de s'assurer que ce que bébé tète, il peut en disposer librement et est capable d'y revenir seul.

Mais lui permettre d'associer son apaisement ou son endormissement à un objet dont il n'est pas totalement maître, c'est accepter de voir son sommeil brisé, de même que le vôtre et celui de toute la famille… en plus de devenir « préposé à la tétine » jusqu'à ce qu'il atteigne l'âge de 8 ou 9 mois et qu'il réussisse à reprendre sa tétine lui-même.

Le besoin de téter est important. La solution consiste donc, si vous avez donné une tétine à votre nouveau-né, à lui apprendre à s'en passer vers l'âge de 3 mois, car c'est à ce moment qu'il peut maîtriser ses mains et les porter à sa bouche. Pour y arriver, ce n'est pas très difficile : il suffit de vous en départir pour de bon, de la jeter. Il ne sera donc plus question de la lui donner, ni le jour ni la nuit. Toutefois, si vous la lui donnez encore le jour parce que c'est alors facile pour vous de la gérer, votre bébé ne comprendra pas pourquoi la nuit, vous n'en faites pas autant. Il mettra beaucoup plus de temps à adopter une autre condition d'endormissement, rendant ainsi les nuits pénibles pour toute la maisonnée. Faites-lui confiance, il saura répondre lui-même à ce besoin.

Chapitre 8

LE REFLUX GASTRO-ŒSOPHAGIEN CHEZ LE NOURRISSON*

En pédiatrie, le reflux gastro-œsophagien (RGO) s'impose actuellement comme le trouble alimentaire le plus fréquent durant la petite enfance, dépassant même largement les classiques coliques du nourrisson en ce qui concerne le nombre de consultations chez le médecin.

Cette réalité témoigne du nombre important de bébés « régurgiteurs », « reflueurs » ou « crachouilleurs » puisque la plupart des nourrissons régurgitent durant leur première année de vie. La décision de consulter dépend donc en grande partie de l'inquiétude parentale ou du repérage de symptômes connexes inquiétants.

---

* Vous trouverez de l'information supplémentaire à ce sujet sur le site www.tiboo.com/contenu/sante/reflux00.htm

Par exemple, si vous avez l'impression que bébé éprouve des douleurs en position couché, il est inutile de penser le voir se calmer et s'endormir. Un bébé qui a mal ne peut arriver à s'endormir. C'est d'ailleurs la même chose pour un adulte. Si vous croyez qu'il souffre de reflux, je vous invite à consulter le pédiatre. S'il y a lieu, il recevra un médicament et son apprentissage au sommeil pourra débuter par la suite.

Si le reflux est bénin et qu'il n'y a pas lieu de recourir à un médicament, voici quelques conseils pour le soulager :

- Éviter de trop serrer les couches pour ne pas augmenter la pression abdominale, et éviter les vêtements trop serrés.

- Surélever la tête du lit de 30° environ pour éviter le reflux de l'estomac dans l'œsophage (par exemple, en mettant une serviette roulée sous le matelas).

- Éviter d'asseoir le bébé dans des positions qui augmentent la pression abdominale et provoquent ainsi le reflux.

- Éviter de l'exposer à la fumée secondaire, car la cigarette diminue le tonus du sphincter de l'œsophage et favorise donc le reflux (parents fumeurs pensez-y !).

- S'assurer que l'alimentation de la maman qui allaite soit le moins acide possible (une nutritionniste pourra vous renseigner à ce sujet).

- D'autres approches comme le massage pour bébé et des visites chez l'ostéopathe peuvent être envisagées par les parents. J'ai constaté que chez certains bébés, l'effet de ces approches sur le système en général était appréciable et que leur sommeil s'en trouvait amélioré du même coup.

Chapitre 9

APPRENTISSAGE AU SOMMEIL

En règle générale, un bébé en santé âgé de 6 à 8 semaines et de poids convenable (5 kg/12 lb) a suffisamment de réserves pour dormir six heures d'affilée durant la nuit. Cette norme, bien que rarement énoncée en matière d'alimentation, figure dans l'ouvrage *Mon enfant dort mal*, des pédiatres Challamel et Thirion, ainsi que dans le livre *Chut ! Fais dodo...* du Dr Nadia Gagnier, psychologue. Il est à noter qu'elle s'applique dans le cas où le bébé est en parfaite santé et lorsque sa prise de poids depuis la naissance est régulière.

Si vous vous sentez prêts, voici des petits trucs à employer dès l'âge de 6 semaines pour aider votre bébé à faire ses nuits :

- Couchez votre bébé dans son lit dès l'apparition des signes de fatigue. Voici les signes majeurs indiquant que votre bébé est prêt à dormir : il commence à faire des mouvements saccadés et incohérents et à serrer les poings. Il fait des grimaces, fronce les sourcils et pleurniche. En couchant votre bébé au bon moment durant les premières semaines, vous préviendrez la plupart des problèmes d'endormissement.

- Laissez-le seul dans une chambre obscure et silencieuse et dites-lui clairement : « Bonne nuit mon trésor, à demain. » On oublie trop souvent de parler à un bébé, de l'informer de ce qu'on attend de lui, sous-estimant son niveau de compréhension. Commencez très jeune à lui exprimer vos attentes.

- S'il se réveille la nuit, attendez un peu avant de vous précipiter pour le faire manger : donnez-lui la possibilité de se rendormir seul. Les parents à l'oreille sensible qui réagissent au moindre bruit émanant de la chambre de leur petit perturbent, à leur insu, un processus naturel qui permettra à l'enfant d'apprendre à gérer ses réveils nocturnes.

Il serait donc approprié que les parents s'accordent un délai de quelques minutes avant d'intervenir afin de permettre au bébé de se rendormir de lui-même.

- S'il pleure sans grande conviction la nuit, n'arrivez pas dans sa chambre avec un biberon préparé à l'avance. Il sait reconnaître l'odeur du lait et ne comprendrait pas pourquoi vous hésitez ou tardez à le lui donner.

- De même, un enfant allaité par sa mère saisira mieux ce que ses parents attendent de lui si, pendant quelques nuits, c'est son père qui le console et lui prodigue des paroles douces pour l'inciter à se rendormir.

- Évidemment, les parents devront éviter de rester à côté de lui dans la chambre ou de lui donner la main. Il lui faut absolument apprendre à dormir sans la présence de maman ou de papa à ses côtés.

- S'il réussit à dormir une nuit entière, dites-lui « bravo », félicitez-le, car il a besoin d'entendre le contentement et la tendresse de ses parents. Même s'il ne comprend pas le sens des mots, il sait d'emblée reconnaître les paroles d'amour.

Pour qu'un bébé fasse ses nuits, il faut d'abord qu'il soit capable de s'endormir seul. Si un bébé de 4 mois et plus ne fait pas encore ses nuits (dormir au moins six heures d'affilée), c'est peut-être parce qu'il s'endort dans des conditions de dépendance à l'adulte (en étant allaité, bercé, caressé, etc.). Le bébé a donc besoin d'un coup de pouce pour y arriver. Avant de mettre en place toute stratégie pour instaurer de saines habitudes de sommeil, lisez attentivement les pages suivantes et, surtout, posez-vous la question suivante : êtes-vous prêts ?

Chapitre 10

MESSAGE IMPORTANT
POUR LE PAPA*

Chers papas, les pleurs d'un bébé sont ce qu'il y a de plus pénible à supporter pour certains parents et particulièrement pour une maman, surtout si elle s'imagine que le bébé pleure comme nous, adultes, le faisons : par douleur ou par chagrin. Or, ce n'est pas le cas ! Les bébés pleurent parce que c'est leur moyen d'exprimer un malaise ou, tout simplement, de se soulager. Les nourrissons pleurent lorsque ça ne va pas, par fatigue, par habitude, ou simplement pour impressionner leur maman. La majorité d'entre vous l'ont saisi, mais pas la plupart des mamans. Je sais que cela peut vous sembler impossible, mais c'est ainsi.

---

* Ce message s'adresse au parent le moins sensible aux pleurs du bébé. Généralement, dans le couple, c'est le papa. Dans votre couple, s'il s'agit de la maman, ce message est pour elle.

Par ailleurs, un bébé qui dort peu est un bébé qui pleure beaucoup. Sachez, chers papas, que la majorité des mamans croient fermement qu'un bébé ne doit jamais pleurer. Pourtant, un nourrisson dont les besoins autres que celui de dormir ont été comblés pleurera inévitablement. Les pleurs d'un bébé ne signifient pas que sa mère est indigne. Malheureusement c'est ce que neuf mères sur dix croient (je le sais, je suis une maman !).

Vous, chers papas, vous savez déjà qu'un bébé qui pleure un peu pour s'endormir, ça n'a rien de grave en soi. Si le parent est confiant, le bébé sera calme. La preuve, c'est que lorsque vous prenez soin de bébé durant la nuit ou encore lorsque vous le couchez pour le dodo de la nuit ou pour une sieste, votre bébé réussi à s'endormir en un temps, deux mouvements. Pourquoi donc maman ne réussit-elle pas à faire la même chose ? Et pire encore, pourquoi ne croit-elle pas ce que vous lui dites ?

Une grande différence entre les papas et les mamans est que ces dernières, pendant la grossesse, lisent beaucoup plus que vous sur les soins à donner aux bébés. D'ailleurs, n'est-ce pas elle qui a acheté ce petit livre et vous a convaincu de lire ce chapitre ? Malheureusement, dans plusieurs de ces livres, on peut lire qu'un nourrisson ne doit jamais pleurer plus de 2 ou 3 minutes à la fois, car cela risque de briser le lien d'attachement si précieux entre sa maman et lui. Pire encore, certains livres affirment même que laisser un enfant pleurer longtemps (plus de 5 minutes !) peut avoir des conséquences très graves, comme la brisure du lien de confiance, le repli sur soi, des troubles psychologiques. Comprenez-vous pourquoi elles deviennent hystériques lorsque leur bébé pleure et qu'elles n'interviennent pas pour le consoler ?

Imaginez un seul instant que ce qui compte le plus pour vous (votre auto, votre console de jeu vidéo, votre vélo de montagne payé 7 000 $, votre collection d'autos, de vin, de monnaie, etc.) soit traité par votre conjointe à l'inverse de ce qu'il faut faire pour le conserver en bon état de fonctionnement et beau comme un sou neuf... vous deviendriez hystérique, n'est-ce pas ? C'est justement comme cela que se sentent les mamans à la seule idée de laisser un bébé pleurer seul dans son lit.

Une autre chose qu'il est important de savoir est que le petit bébé est très habile pour percevoir ce que ressent sa maman et pour y réagir. Si maman est épuisée, dépassée par les événements ou encore triste parce qu'elle n'a pas votre appui : bébé le sent et pleure. Si les pleurs la culpabilisent, cela ne fait que renforcer l'inconfort du bébé qui criera de plus belle. De plus, les mamans subissent tellement de pression de part et d'autre concernant le développement d'un bébé, qu'elles se croient obligées d'être parfaites en tout temps et surtout d'avoir le bébé parfait en tout point. Ce qui est totalement illusoire ! Comprenez-vous toute la pression qu'elles doivent supporter jour après jour ?

Heureusement que les mamans sont là pour répondre aux pleurs de leur bébé, car s'il pleure parce qu'il a faim, c'est grâce à l'intervention de celle-ci (lui donner à manger) qu'il cessera de pleurer ; s'il pleure parce qu'il a froid, c'est grâce à l'intervention de celle-ci (lui mettre des vêtements plus chaud) qu'il cessera de pleurer ; s'il pleure parce qu'il a mal, c'est encore grâce à son intervention qu'il cessera de pleurer, etc. Toutefois, le hic, c'est qu'en matière de sommeil, c'est l'inverse ! Si l'on permet au bébé de s'endormir avec l'aide du parent pour qu'il cesse de pleurer, cela nuit à son processus d'apprentissage du sommeil et les répercussions à long terme en sont néfastes.

Chers papas, c'est au moment du dodo que vous devez particulièrement entrer en jeu. La maman a besoin de votre soutien, de votre compréhension et de votre participation. Ce n'est malheureusement pas en vous disputant, en faisant fi de ce qu'elle ressent, en faisant la sourde oreille la nuit pour ne pas vous lever ou encore en exigeant qu'elle fasse taire le bébé lors des réveils nocturnes que la situation changera. Votre rôle est précieux ! Par chance, vous êtes plusieurs à y être déjà conscientisés. Il n'y a qu'à voir le nombre grandissant de livres sur le soin des enfants qui s'adressent particulièrement aux papas.

Alors, de grâce, lorsque maman voudra cesser d'appliquer la stratégie d'apprentissage au sommeil en cédant aux pleurs de bébés (et cela même si elle était d'accord il y a un instant ; le doute viendra s'emparer d'elle !) soyez les partenaires les plus doux et délicats. Ou encore si elle vous demande d'intervenir la nuit, pour lui dire de faire dodo, obtempérez sans discuter, car bébé sent très bien l'odeur du lait s'il est allaité, ce qui rend inopportune la présence de sa maman dans sa chambre.

Durant l'apprentissage au sommeil, les mamans ont plusieurs besoins :

- Que vous respectiez leurs émotions (si vous les comprenez c'est encore mieux !).

- Que vous acceptiez qu'elles trouvent extrêmement difficile de permettre à bébé de dormir seul.

- Que vous les rassuriez en leur rappelant doucement et tendrement que bébé a le droit de pleurer et d'exprimer son mécontentement à l'heure d'aller faire dodo.

- Que vous les consoliez si leurs larmes coulent à flot parce que leur bébé, si petit pour elles, doit apprendre à dormir sans leur aide, sans elles.

- Que vous leur rappeliez que la constance et la persévérance font partie de la stratégie, que reculer maintenant rendra le bébé confus et plus combatif face à son sommeil.

- Que la prochaine fois, ce sera encore plus difficile, si elles cèdent maintenant, etc.

Je suis certaine que vous trouverez les bons mots.

Enfin, si vous constatez que vous n'y arriverez pas, acceptez que la maman fasse appel à de l'aide extérieure, et ce, même si ce n'est pas gratuit. Parfois le message passe mieux, si c'est quelqu'un comme moi qui la soutient durant le processus. Sur le site www.brigittelangevin.com, vous verrez que différents forfaits existent en matière de consultation (téléphonique ou à domicile) pour le sommeil de bébé. Parfois, c'est le coup de pouce dont elle a besoin.

Si la maman (et le papa !) est heureuse et confiante, le bébé le ressentira et fera assurément de meilleures nuits de sommeil et de plus longues siestes.

Chapitre 11

MESSAGE IMPORTANT
POUR LA MAMAN*

Chères mamans, je suis très bien placée pour comprendre ce que vous vivez, je suis aussi une maman et ma fille atteindra bientôt ses vingt ans ! Vous ne pouvez imaginer le nombre de fois où j'ai dû me faire violence (eh oui, le terme est bien choisi) afin de permettre à ma fille de grandir, de se développer, d'apprendre, de découvrir... enfin, de lui permettre de se détacher un peu plus de moi.

Aujourd'hui, je peux vous assurer que le chemin parcouru, c'est-à-dire le travail accompli, me réjouit chaque instant de ma vie. Les résultats sont grandioses : ma fille est non seulement saine d'esprit, mais elle est en plus autonome,

---

* Ce texte a été écrit par une mère et pour une mère, mais s'il vous interpelle, chers papas, il est aussi pour vous.

responsable et sait répondre à ses besoins tout en prenant soin de ses désirs. Quelle belle récompense pour tant d'années de labeur (soyons honnête : être parent, c'est le plus exigeant boulot sur la terre !). Le plus beau dans cette aventure, c'est que je sais profondément que je suis celle qui a fait en sorte de permettre à cette enfant de prendre son envol et de se réaliser. Le rôle de la maman dans les premières années de vie de l'enfant est si important que tous affirment qu'il en va de la survie de l'enfant.

Nous savons bien qu'un enfant de 3 ans peut apprendre à être propre, mais qu'un bébé de 9 mois n'y arrivera pas. Toutefois, saviez-vous que le même principe s'applique au sommeil ? Ce qui nous joue un vilain tour, c'est que dormir est si naturel et essentiel qu'on croit que le nourrisson y arrivera tout seul. Lorsqu'on s'aperçoit que notre bébé est dépendant de nous pour s'endormir et que nous sommes épuisées au point de même parfois détester ce petit bébé que nous aimons tant, nous nous rendons à l'évidence qu'il faut agir et lui apprendre à dormir seul. Malheureusement, de nos jours, trop de monde croit avec conviction qu'encourager les bébés à s'endormir par eux-mêmes leur cause du stress ou, pire encore, pourrait nuire à leur développement émotif et entraîner plus tard des troubles de l'anxiété. Pourtant, lorsque le moment est propice, établir de bonnes habitudes de sommeil se fait en douceur et le processus d'apprentissage peut même s'avérer agréable. Par contre, ce qui dérange vraiment un bébé, c'est qu'on le force à abandonner une vieille routine. L'apprentissage du sommeil n'est pas pénible ; corriger de mauvaises habitudes l'est.

Une autre croyance qui est partagée avec conviction par les mamans de tous âges (et encore plus par les grands-mamans) est qu'un bébé est incapable de recouvrer tout seul son bien-être, ce que s'endormir seul dans son lit exige. Cela est vrai durant les six à huit premières semaines de vie du nourrisson, alors que tout le processus neurologique pour le lui permettre n'est pas encore assez au point. Toutefois, le bébé y parvient par la suite, comme l'explique le Dr Cathryn Tobin :

« Lorsqu'un sourire illumine le visage de votre poupon de 2 mois, cela signifie que ses capacités mentales se sont développées, que ses circuits neurologiques ont pris de la maturité et qu'il est maintenant en mesure d'apprendre et de se souvenir. Ces progrès nous permettent de savoir que la mise en place de saines habitudes de sommeil peut désormais commencer. Cette période propice à l'apprentissage au sommeil se prolonge jusqu'à environ 28 semaines, soit environ 7 mois.[*] »

Vers 8 ou 9 mois, votre bébé se perçoit comme un être à part entière, avec une personnalité distincte et des points de vue propres, ce qui complique l'heure du dodo. Évidemment, tout n'est pas perdu pour autant, car en matière de sommeil, la mise en place de saines habitudes peut se faire jusqu'à l'âge de 8 ou 9 ans. Toutefois, cela m'attriste profondément lorsque les parents attendent trop longtemps avant d'inculquer de bonnes habitudes à leur enfant, parce que je sais combien cela devient plus difficile avec le temps.

Avec toutes ces informations, vous désirez sûrement savoir pourquoi tant de mamans n'en profitent pas pour donner à leur bébé de bonnes habitudes de sommeil ? Les raisons sont nombreuses, en voici quelques-unes :

---

[*] Tobin, Cathryn. *Bébé fait ses nuits*, Montréal, Éditions de l'Homme, 2007, p. 36.

- *Je suis trop fatiguée.*

  L'épuisement total est de loin l'explication entendue le plus souvent. À 4 h du matin, les yeux cernés jusqu'au menton, vous n'avez souvent rien à faire des bonnes habitudes de sommeil et tout ce que vous voulez, c'est trouver un moyen rapide pour que votre poupon se rendorme. Toutefois, il faut garder en tête que cette façon de faire reporte à plus tard le moment où vous et votre petit dormirez enfin convenablement.

- *Je crains de réveiller les voisins ou le reste de la famille en apprenant à mon bébé à s'endormir.*

  Certains parents sont convaincus qu'il est impensable de permettre à leur bébé de pleurer, de peur d'embêter les autres. Cependant, lorsque vous aurez mis en place de bonnes habitudes de sommeil et que vous serez passé au travers des deux ou trois premières nuits, vous vous demanderez pourquoi vous avez attendu si longtemps ! Si vous connaissez bien vos voisins et vous sentez à l'aise avec eux, pourquoi ne pas aller les informer de ce que vous entreprendrez.

- *Je ne suis pas convaincue que cela fonctionnera pour mon bébé.*

  Certains bébés mettent un peu plus de temps que d'autres, mais tous, sans exception, sont capables de s'endormir seul et pour de longues périodes lorsqu'on utilise les techniques appropriées. Sachez qu'une maman convaincue permet au bébé de s'abandonner plus rapidement au processus d'apprentissage au sommeil. C'est parfois miraculeux !

- *Mon conjoint ne peut pas supporter d'entendre le bébé pleurer.*

  Si c'est le cas, faites-lui lire le message important écrit à l'intention du papa dans les pages précédentes... ou envoyez-le dormir deux ou trois nuits chez sa mère !

- *Mon bébé est toujours malade.*

  C'est un des signes qui révèle une dette de sommeil flagrante et que les habitudes de sommeil sont à revoir au sein de toute la famille. Plus vite vous y verrez, mieux votre bébé s'en portera.

- *Mon bébé est vraiment trop jeune.*

  Pas s'il a plus de 8 semaines. Si vous pouvez donner le cap à votre bébé dès son jeune âge, vous éviterez à tout le monde bien des ennuis.

- *Mon bébé a plus de 7 mois.*

  Ne vous en faites pas. Il y a encore des moyens de le faire succomber au sommeil. Cela demande simplement plus de temps, d'ingéniosité et de détermination.

- *Un apprentissage précoce au sommeil peut avoir des conséquences négatives sur l'allaitement.*

  Bien au contraire, la beauté de l'apprentissage au sommeil, c'est qu'une maman qui dort mieux la nuit est plus en forme et peut allaiter sur une plus longue période. Voici d'ailleurs le témoignage d'une maman :

  > – *Cette croyance est vraiment stupide et je suis la preuve vivante que cela n'empêche pas d'allaiter. Mon fils, Vincent, a un an et je l'allaite toujours ! Je ne comprends pas que certains organismes prônent l'allaitement à la demande après 10 ou 12 semaines et passé un certain*

poids. Vincent n'a jamais souffert de diminuer ses boires et d'avoir un horaire plus stable pour lui permettre de mieux dormir ! De toute façon, il ne demandait pas à boire au milieu de la nuit, mais à dormir et c'est moi qui ignorais comment répondre à son besoin ! De toute façon, je ne crois pas qu'il soit adéquat pour un bébé de se réveiller encore 2 fois par nuit à 6 mois ! C'était le cas de Vincent et j'ai entendu beaucoup de mamans qui allaitent dire que leur bébé ne faisait pas encore ses nuits ou ses siestes comme il faut, et ce, à 7 et 8 mois même. Alors qu'au contraire, je crois que si j'allaite encore, c'est parce que mon bébé a réussi à bien dormir et à faire ses nuits et ses siestes. J'ai pu récupérer et trouver cela plus facile d'allaiter. Je ne crois pas qu'une maman qui allaite 8 ou 9 fois par jour et 2 ou 3 fois par nuit son bébé de 6 mois, alors qu'il devrait dormir, soit aux anges avec son allaitement. Il y a une maman qui m'a dit, il n'y a pas longtemps: « Ah mon Dieu ! Tu allaites encore et il a un an ! Wow ! Tu es chanceuse. Moi le mien a 7 mois et je commence à être épuisée et à trouver ça très prenant... » Je lui ai posé quelques questions pour me rendre compte que son bébé était un peu dans la même position que Vincent l'avait été. Elle l'allaitait encore à la demande *et chaque fois qu'il pleurait elle le mettait au sein. Il ne faisait toujours pas ses nuits ! Je lui ai raconté pour Vincent et lui ai suggéré d'aller voir ton site...Je ne sais pas si elle l'a fait et si cela l'a aidée, mais au moins, j'aurai fait ce que je pouvais. Aussi, tout le monde n'en revient pas du fait que Vincent soit aussi calme et toujours de bonne humeur. Je suis certaine que le fait qu'il dorme bien y est pour quelque chose.*

Alors voilà, je tenais vraiment à ce que tu saches que je souhaite vraiment qu'il y ait un jour un vent de changement à ce niveau puisque ça améliorerait la qualité de vie de beaucoup de bébés et, par le fait même, de beaucoup de mamans !

Valérie, une maman comblée

Faites-vous confiance et surtout faites confiance à votre bébé. De trop nombreuses mamans décrètent qu'elles n'ont pas l'énergie pour changer des habitudes de sommeil. Quelques-unes uniquement auront de la chance ; leur bébé modifiera ses habitudes de sommeil sans trop de complications. Posez-vous la question : est-ce que je veux vraiment me retrouver à faire la même chose dans une semaine, un mois ou un an ? Si la réponse est non, je vous encourage à passer à l'action et à surmonter le défi qui vous attend.

Je suis de tout cœur avec vous.

Chapitre 12

ÊTES-VOUS PRÊTS ?

C'est bien connu, un bébé qui ne dort pas épuise ses parents. Qui dit parents fatigués, dit parents émotifs, parents enclins à la dispute, aux désaccords, etc. Avant de mettre en place quoi que ce soit, il faut que les parents s'entendent sur la stratégie à employer. Il faut savoir que si vous commencez une stratégie et que vous cessez de l'appliquer en cours de route pour de bonnes ou de mauvaises raisons, vous rendrez votre bébé confus quant à vos attentes et encore plus combatif face à son sommeil.

Voici donc certaines règles importantes avant d'entreprendre quelque stratégie que ce soit pour apprendre à bébé à s'endormir seul :

A

Prenez la résolution de maintenir vos positions. Vous n'inculquerez pas instantanément de bonnes habitudes à votre enfant. Si vos nuits sont entrecoupées depuis quelques mois déjà, suivre une stratégie susceptible d'aggraver la situation dans un premier temps requiert une volonté de fer. Donc, pas question d'essayer juste pour voir et de faire ensuite marche arrière sous prétexte que l'enfant a réagi trop fort, a pleuré deux heures d'affilée ou trois nuits de suite.

B

Soyez confiants. Les parents calmes et sûrs d'eux maximisent leurs chances de résoudre le problème en moins de huit jours, et ce, s'ils n'y arrivent pas dès la première nuit.

C

Respectez-vous. Définissez vos forces et faiblesses en tant que parents. Choisissez une approche en harmonie avec vous et respectueuse de votre degré d'émotivité. Ne choisissez pas une méthode sous la contrainte ou simplement parce qu'on vous la recommande vivement. Si vous vous sentez incapable d'endurer les pleurs et les réactions négatives de votre enfant, optez pour une méthode progressive.

D

Conformez-vous aux règles. Lorsque vous avez choisi une stratégie et convenu des règles à adopter, préparez-vous à les respecter. Si vous hésitez ou êtes en désaccord sur la conduite à tenir, vous devriez réfléchir ensemble pour trouver un consensus. Abandonner une stratégie en cours de route est le meilleur moyen de rendre votre enfant plus résolu à combattre le sommeil. Les parents qui disent « avoir tout essayé » sans succès pour faire dormir leur enfant sont souvent ceux qui ne respectent pas les règles fixées et les durées lors de l'application de la stratégie. Également, il peut être opportun de questionner vos propres sentiments et attitudes face au sommeil lorsque vous étiez enfant. Avez-vous ressenti de l'isolement, de la peur ou de l'abandon ? Craignez-vous que votre enfant vive également un sentiment d'abandon ?

E

Informez le bébé de vos attentes. Exprimez-lui votre conviction d'agir pour le mieux-être de tous et votre assurance qu'il en sera le premier bénéficiaire. Même s'il ne peut vous comprendre, il peut ressentir ce que vous dites. Vous pouvez en être absolument certain.

Vous devriez maintenant être prêts à débuter... sinon, attendez de l'être.

Chapitre 13

STRATÉGIE DES 15 SECONDES*

Cette stratégie a pour but d'aider bébé à se calmer afin qu'il puisse y arriver lui-même par la suite et ainsi découvrir qu'il peut s'endormir sans la présence de maman ou papa. L'approche consiste à intervenir auprès du bébé en ajoutant un délai supplémentaire de 15 secondes avant chaque intervention. Ce programme s'applique aux bébés de 8 semaines à 6 ou 7 mois. Avant de commencer, placez une chaise droite près du lit de votre bébé et déposez un crayon sur une table basse tout près de vous, ainsi que la grille offerte dans ce livre et un chronomètre.

---

* Si bébé est malade au cours du processus, il est recommandé d'interrompre le programme et de le reprendre lorsqu'il se portera mieux.

Toute stratégie d'apprentissage au sommeil commence par le dodo de la nuit et non par une sieste, car la pression de sommeil à l'approche du dodo de nuit est plus grande, ce qui aide le bébé à s'endormir plus vite. Voici donc les consignes :

1. Faire votre rituel habituel dont la dernière étape est d'aller fermer les rideaux, toile ou store. Mettre votre bébé dans son lit alors qu'il est réveillé (et non pas somnolent). S'il s'est assoupi durant le boire, changez-le de couche (ou faites semblant si sa couche est sèche) avant de le mettre au lit afin qu'il se réveille.

2. S'asseoir sur une chaise droite à côté du lit. Éviter de regarder le bébé dans les yeux. Votre regard ne doit pas croiser le sien, même si vous l'observez.

3. Quand il se mettra à pleurer intensément, partir le chrono-mètre. Attention, si votre bébé pleurniche ou se lamente, il est en train de se réconforter, ne démarrez pas le chro-nomètre.

4. Une fois le temps d'attente écoulé (15 secondes pour la première intervention, 30 pour la seconde, 45 pour la

troisième et ainsi de suite), mettez un crochet vis-à-vis du chiffre (afin de vous rappeler où vous êtes rendu pour la prochaine intervention), reprenez le bébé en position debout (la tête appuyée sur votre épaule) et laissez-le se calmer sans le bercer, ni le flatter ni le tapoter, etc. Parlez-lui doucement et tendrement si vous le désirez. Une fois calmé (plus aucun pleur – il ne doit surtout pas s'endormir sur vous), vous le recouchez rapidement et sans hésitation dans son lit même s'il se met immédiatement à pleurer et vous vous rassoyez sur la chaise. Ne le regardez pas dans les yeux si vous désirez l'observer et ne lui parlez pas lorsqu'il est au lit.

5. Quand il pleure à nouveau intensément (et il va le faire !), repartez le chronomètre pour le prochain laps de temps. Une fois le temps d'attente écoulé (cette fois-ci 30 secondes) et le crochet mis au bon endroit sur la grille, reprenez le bébé en position debout (la tête appuyée sur votre épaule) et laissez-le se calmer sans le bercer, ni le flatter ni le tapoter, etc. Parlez-lui doucement et tendrement si vous le désirez. Une fois calmé (plus aucun pleur – il ne doit surtout pas s'endormir sur vous), vous le recouchez rapidement et sans hésitation dans son lit, même s'il se met

immédiatement à pleurer et vous vous rassoyez sur la chaise. Ne le regardez pas dans les yeux si vous désirez l'observer et ne lui parlez pas lorsqu'il est au lit.

6. Agir ainsi jusqu'à ce qu'il se soit endormi par lui-même dans son lit. Plus le bébé sera tenace et combatif, plus ce sera long avant qu'il ne se laisse aller au sommeil. Il n'y a aucune inquiétude à y avoir. Soyez persévérant.

7. Quand il se réveille dans la nuit, reprenez le principe de minutage là où vous étiez rendu (sauf s'il s'agit d'un boire). Par exemple, s'il s'était endormi après l'intervention de 2 min 30 s vous devrez attendre 2 min 45 s avant de retourner le voir pour le prendre et l'aider à se calmer.

8. Si le bébé s'éveille trop tôt le matin (par exemple, 4 h 30), reprenez le principe de minutage, là où vous étiez rendu. S'il ne se rendort pas et que son heure habituelle de lever arrive, il faut faire le rituel du lever.

9. Le rituel du lever consiste à saluer le bébé (même s'il pleure fort) et à aller directement lever la toile. Ensuite, vous revenez devant le lit de votre bébé et cette fois-ci, vous l'aidez à se calmer tout en le laissant dans son lit. Vous

pouvez lui parler, lui sourire et l'encourager, mais pas le toucher ou le flatter. Une fois calmé (il peut pleurer encore un peu, mais de façon beaucoup moins intense), vous le sortez du lit, le félicitez et la journée débute ou la journée continue si c'était à la fin d'une période de sieste.

10. Le rituel du lever devrait être accompli chaque fois que le bébé aura assez dormi et que ce sera le moment de le lever. Ainsi, si vous devez intervenir la nuit pour quelque raison que ce soit, il saura que la nuit n'est pas terminée puisque vous n'aurez pas levé la toile de sa fenêtre.

11. Le second jour, vous poursuivez la stratégie avec la sieste du matin. Le décompte de la veille n'est plus utile. On ajoute cependant 15 secondes de plus à la première intervention (jour 2, première intervention : 30 s ; jour 3 : 45 s ; jour 4 : 60 s – commencer après la zone hachurée sur la grille). Le compte continuera tout au long de la journée avec un maximum de 5 minutes d'attente entre chaque intervention pour apprendre au bébé à se calmer et ainsi à s'endormir seul.

12. Ainsi de suite pour les journées subséquentes.

À noter :

Au début du programme, on maintient à heures fixes les siestes et les dodos (qu'il ait dormi ou pas, qu'il soit en train de dormir, de pleurer ou de gazouiller) et on ne le sort du lit qu'à la fin de la période de sieste, une fois qu'on a levé la toile et qu'il s'est calmé. Il est important de tenir bébé réveillé entre les siestes et d'éviter de le mettre dans une situation où il s'endormira à coup sûr (poussette, promenade en auto, porte-bébé, etc.).

Si on doit obligatoirement le moucher ou le replacer, éviter le contact visuel et faire le plus rapidement possible. Ne pas le changer inutilement de couche lors d'une période de sommeil (sieste ou nuit, donc couvrez-lui les fesses d'une bonne pâte protectrice), sauf après le boire de nuit (s'il y a lieu), ce qui vous permettra de le coucher alors qu'il est réveillé.

Quand il fait une pause de pleurs de quelques secondes (plus de 15 secondes environ) pendant le minutage, vous devez remettre le chronomètre à zéro. Par exemple, si vous êtes rendu à minuter le laps de temps de 1 min 30 s et qu'il s'arrête de pleurer intensément, vous devez remettre le chronomètre à zéro et recommencer le laps de 1 min 30 s lorsqu'il se sera remis à pleurer intensément.

S'il se calme en moins de 5 secondes lorsque vous le sortez du lit et qu'il s'endort sur vous, il faut plutôt le laisser dans le lit, coller votre joue contre la sienne et lui parler doucement dans l'oreille pour l'amener à s'apaiser. Une fois que le bébé est calmé, on se retire rapidement et sans hésitation et on se rassoit sur la chaise.

Si votre bébé est en santé et n'a toujours pas développé de bonnes habitudes de sommeil après 5 ou 7 jours de ce programme, c'est souvent parce que l'un ou l'autre de ces obstacles est survenu :

- *Céder en cours de route*.

  Soyez cohérent peu importe les circonstances. Les bébés fonctionnent par association. Si vous leur donnez l'impression qu'ils ont intérêt à pleurer, ils continueront de le faire sans se lasser. De plus, si vous cessez l'apprentissage en cours de route, votre bébé sera plus combatif et ce sera plus long la prochaine fois. Votre message doit donc être clair comme de l'eau de roche : « *Je t'aime de tout mon cœur, mais je crois que tu peux t'endormir dans ton lit.* » Faites-lui confiance, votre bébé s'y adaptera.

- *Il s'endort à l'occasion ailleurs que dans son lit.*

Il est important d'observer la règle d'or de cette stratégie : votre bébé doit s'endormir dans son lit. Si vous lui permettez de s'endormir dans vos bras, dans l'auto ou dans la poussette, il espérera que cela se reproduise à tout coup. Il a beau être menu, sa force de caractère est loin de l'être. Lorsque le bébé dormira bien, il vaudra mieux faire vos courses durant ses périodes d'éveil, car votre bébé étant alors au sommet de sa forme, il ne risquera pas de s'endormir.

- *Pas d'horaire régulier.*

Un horaire stable et régulier évite bien des difficultés de sommeil. Toutefois, l'horaire peut ne pas se mettre naturellement en place. Il sera nécessaire d'en établir un et, surtout, de le maintenir. Voir l'horaire suggéré dans la grille ci-après.

- *Un message confus est donné à bébé.*

Quand votre bébé pleure durant l'apprentissage lorsque vous le mettez au lit et que vous le reprenez alors dans vos bras pour le nourrir, le balancer doucement ou le bercer pour l'aider à se rendormir, vous le rendez confus quant à vos attentes. Il faut donc vous assurer que vous envoyez un message clair à votre bébé. Après l'avoir mis au lit, guidez-le pour qu'il puisse trouver le chemin du sommeil en appliquant la stratégie des 15 secondes. Vous serez donc près de lui pour le prendre au moment opportun et pour lui parler et l'aider à se calmer. Mais un élément demeure non négociable : il doit être mis au lit alors qu'il est réveillé.

JOUR 1

Temps d'attente entre les interventions	Sieste en avant-midi (8 h 30 – 10 h 30)	Sieste en après-midi (12 h 30 – 15 h 00)	Sieste vers le souper (16 h 30 – 17 h 15)	Dodo (19 h – 7 h)
15 s				
30 s				
45 s				
1 min				
1 min 15 s				
1 min 30 s				
1 min 45 s				
2 min				
2 min 15 s				
2 min 30 s				
2 min 45 s				

Le sommeil du nourrisson

Temps d'attente entre les interventions	Sieste en avant-midi (8 h 30 – 10 h 30)	Sieste en après-midi (12 h 30 – 15 h 00)	Sieste vers le souper (16 h 30 – 17 h 15)	Dodo (19 h – 7 h)
3 min				
3 min 15 s				
3 min 30 s				
3 min 45 s				
4 min				
4 min 15 s				
4 min 30 s				
4 min 45 s				
5 min				
5 min				
5 min				
5 min				

Le sommeil du nourrisson

JOUR 2

Temps d'attente entre les interventions	Sieste en avant-midi (8 h 30 – 10 h 30)	Sieste en après-midi (12 h 30 – 15 h 00)	Sieste vers le souper (16 h 30 – 17 h 15)	Dodo (19 h – 7 h)
15 s	/////			
30 s				
45 s				
1 min				
1 min 15 s				
1 min 30 s				
1 min 45 s				
2 min				
2 min 15 s				
2 min 30 s				
2 min 45 s				

100

Le sommeil du nourrisson

Temps d'attente entre les interventions	Sieste en avant-midi (8 h 30 – 10 h 30)	Sieste en après-midi (12 h 30 – 15 h 00)	Sieste vers le souper (16 h 30 – 17 h 15)	Dodo (19 h – 7 h)
3 min				
3 min 15 s				
3 min 30 s				
3 min 45 s				
4 min				
4 min 15 s				
4 min 30 s				
4 min 45 s				
5 min				
5 min				
5 min				
5 min				

JOUR 3

Temps d'attente entre les interventions	Sieste en avant-midi (8 h 30 – 10 h 30)	Sieste en après-midi (12 h 30 – 15 h 00)	Sieste vers le souper (16 h 30 – 17 h 15)	Dodo (19 h – 7 h)
15 s				
30 s				
45 s				
1 min				
1 min 15 s				
1 min 30 s				
1 min 45 s				
2 min				
2 min 15 s				
2 min 30 s				
2 min 45 s				

Le sommeil du nourrisson

Temps d'attente entre les interventions	Sieste en avant-midi (8 h 30 – 10 h 30)	Sieste en après-midi (12 h 30 – 15 h 00)	Sieste vers le souper (16 h 30 – 17 h 15)	Dodo (19 h – 7 h)
3 min				
3 min 15 s				
3 min 30 s				
3 min 45 s				
4 min				
4 min 15 s				
4 min 30 s				
4 min 45 s				
5 min				
5 min				
5 min				
5 min				

JOUR 4

Temps d'attente entre les interventions	Sieste en avant-midi (8 h 30 – 10 h 30)	Sieste en après-midi (12 h 30 – 15 h 00)	Sieste vers le souper (16 h 30 – 17 h 15)	Dodo (19 h – 7 h)
15 s				
30 s				
45 s				
1 min				
1 min 15 s				
1 min 30 s				
1 min 45 s				
2 min				
2 min 15 s				
2 min 30 s				
2 min 45 s				

Le sommeil du nourrisson

Temps d'attente entre les interventions	Sieste en avant-midi (8 h 30 – 10 h 30)	Sieste en après-midi (12 h 30 – 15 h 00)	Sieste vers le souper (16 h 30 – 17 h 15)	Dodo (19 h – 7 h)
3 min				
3 min 15 s				
3 min 30 s				
3 min 45 s				
4 min				
4 min 15 s				
4 min 30 s				
4 min 45 s				
5 min				
5 min				
5 min				
5 min				

JOUR 5

Temps d'attente entre les interventions	Sieste en avant-midi (8 h 30 – 10 h 30)	Sieste en après-midi (12 h 30 – 15 h 00)	Sieste vers le souper (16 h 30 – 17 h 15)	Dodo (19 h – 7 h)
15 s				
30 s				
45 s				
1 min				
1 min 15 s				
1 min 30 s				
1 min 45 s				
2 min				
2 min 15 s				
2 min 30 s				
2 min 45 s				

Temps d'attente entre les interventions	Sieste en avant-midi (8 h 30 – 10 h 30)	Sieste en après-midi (12 h 30 – 15 h 00)	Sieste vers le souper (16 h 30 – 17 h 15)	Dodo (19 h – 7 h)
3 min				
3 min 15 s				
3 min 30 s				
3 min 45 s				
4 min				
4 min 15 s				
4 min 30 s				
4 min 45 s				
5 min				
5 min				
5 min				
5 min				

JOUR 6

Temps d'attente entre les interventions	Sieste en avant-midi (8 h 30 – 10 h 30)	Sieste en après-midi (12 h 30 – 15 00)	Sieste vers le souper (16 h 30 – 17 h 15)	Dodo (19 h – 7 h)
15 s				
30 s				
45 s				
1 min				
1 min 15 s				
1 min 30 s				
1 min 45 s				
2 min				
2 min 15 s				
2 min 30 s				
2 min 45 s				

Le sommeil du nourrisson

Temps d'attente entre les interventions	Sieste en avant-midi (8 h 30 – 10 h 30)	Sieste en après-midi (12 h 30 – 15 h 00)	Sieste vers le souper (16 h 30 – 17 h 15)	Dodo (19 h – 7 h)
3 min				
3 min 15 s				
3 min 30 s				
3 min 45 s				
4 min				
4 min 15 s				
4 min 30 s				
4 min 45 s				
5 min				
5 min				
5 min				
5 min				

JOUR 7

Temps d'attente entre les interventions	Sieste en avant-midi (8 h 30 – 10 h 30)	Sieste en après-midi (12 h 30 – 15 h 00)	Sieste vers le souper (16 h 30 – 17 h 15)	Dodo (19 h – 7 h)
15 s				
30 s				
45 s				
1 min				
1 min 15 s				
1 min 30 s				
1 min 45 s				
2 min				
2 min 15 s				
2 min 30 s				
2 min 45 s				

Temps d'attente entre les interventions	Sieste en avant-midi (8 h 30 – 10 h 30)	Sieste en après-midi (12 h 30 – 15 h 00)	Sieste vers le souper (16 h 30 – 17 h 15)	Dodo (19 h – 7 h)
3 min				
3 min 15 s				
3 min 30 s				
3 min 45 s				
4 min				
4 min 15 s				
4 min 30 s				
4 min 45 s				
5 min				
5 min				
5 min				
5 min				

Enfin, voici le témoignage d'une maman qui a utilisé la stratégie des 15 secondes.

« J'ai une belle petite puce. Elle est exclusivement allaitée et j'espère bien continuer encore un bout. Ma fille n'a pas de reflux ni de coliques, ni de « ouins ouins » du soir. Après un accouchement difficile, quelques complications m'ont obligée à être de nouveau hospitalisée sans ma fille durant huit jours. De retour à la maison j'ai enfin retrouvé ma puce qui a immédiatement commencé à pleurer lorsque je ne la tenais plus dans mes bras, tandis que lorsque j'étais hospitalisée, elle dormait seule dans son lit. Petit à petit, car j'étais épuisée, j'ai pratiqué le co-dodo un peu malgré moi... ma fille ne s'endort plus maintenant que sur et avec moi, de jour comme de nuit. Elle a maintenant 8 semaines. Je tente depuis deux jours de la faire dormir dans son lit et sa chambre avec un doudou, un vêtement imprégné de mon odeur... mais échec ! Sieste ou dodo, je craque après 5 minutes de pleurs très éprouvants. Je vais la voir, car elle est en nage, le visage rouge et plein de larmes et ne s'apaise même plus par des caresses, ni des chansons ou des paroles réconfortantes. Je la prends alors dans mes bras où elle s'endort immédiatement.

Et elle ne veut toujours pas dormir dans son lit le jour. Elle s'endort soit dans sa balançoire, soit dans la chaise vibrante ou *soit sur moi, et dès que je la dépose dans son lit, elle pleure. J'ai vraiment l'impression qu'elle est fatiguée, car elle ne semble pas joyeuse, elle chigne souvent. Je me demande si je peux faire quelque chose pour instaurer une routine et une stratégie ou si, à cet âge, c'est trop tôt ?*

C'est alors que quelqu'un a mis un ange sur ma route : Brigitte Langevin (elle porte bien son nom d'ailleurs : l'ange vint à notre secours !). Elle m'a enseigné la technique des 15 secondes et après seulement 2 nuits de persévérance et quelques siestes aussi... ma belle puce s'est mise soudainement à dormir dans son lit ! C'est vrai qu'au départ on est vite à fleur de peau, les secondes paraissent interminables et les larmes de crocodiles sont terriblement culpabilisantes. SAUF si, comme moi, vous êtes soutenue par les gentils encouragements de Brigitte et que vous êtes convaincue qu'il est dans l'intérêt de tous et surtout de votre fille de s'endormir seule dans SON lit ! Alors je me suis tenue droite comme un piquet, j'ai retenu ma main qui spontanément se préparait à la caresser (j'ai dû faire le joue-à-joue, car elle s'endormait en moins de deux dès que je la prenais), mais je continuais plutôt à expliquer à ma fille que je l'aimais très fort. Lorsque les pleurs redoublaient de force, je me concentrais uniquement sur le chronomètre et les secondes qui défilaient... Nous nous sommes rendues à deux fois

5 minutes la première nuit avant de la voir se laisser aller au sommeil : oui, ma fille est tenace ! Puis, 2 minutes 30 secondes la sieste suivante... 1 minute 45 la seconde nuit... et puis... plus rien ! Quelques grognements parfois... une série de pleurs hier afin de me tester à nouveau, mais sinon ma fille ne pleure plus lorsque je la mets au lit. Elle dort entre 8 et 10 h chaque nuit, et fait des siestes de 1 h 30 à 2 h. Non ce n'est pas un miracle, c'est le résultat du travail fait avec amour pour mon bébé.

Nous n'avons pas fait de sortie ni de ballade cette semaine en dehors de brèves courses juste après les siestes de manière à consolider cet acquis que j'imagine fragile. Je sais qu'il arrivera à nouveau quelques nuits difficiles, mais c'est normal, les enfants sont ainsi et cela n'a rien à voir avec la situation initiale ! Je dors enfin tranquillement dans mon lit (enfin, les deux premières nuits, c'est moi qui me réveillais pour vérifier que tout allait bien, car le bruit de sa petite respiration dans mon lit ayant disparu... cela me manquait.). Et que dire des réveils souriants... le visage de mon ange est si détendu... et ce sont des moments idéaux de gros câlins qui remplacent avantageusement ceux du co-dodo forcé !

Quel soulagement ! Quel bonheur ! Après tant de péripéties et un peu de culpabilité à ne pas avoir su trouver immédiatement des réponses aux besoins de ma fille, dont j'avais été séparée... je reprends une énorme bouffée de courage ! Vos encouragements, chère Brigitte, et votre partage de maman, m'ont en outre beaucoup touchée.

Merci mille fois et mille fois encore ! Une famille comblée.

P.-S. : Mes amies sont envieuses et ont toutes voulu savoir mon secret !... je leur ai montré votre stratégie avec joie. Continuez de prêter main forte aux mamans et aux bébés désemparés. Ce que vous faites est formidable !

Chapitre 14

ANGOISSE DE SÉPARATION ET SOMMEIL

Pour un bébé, sa mère est le pilier de sa sécurité. C'est elle qui l'a porté dans son ventre et c'est habituellement elle qui le nourrit durant les premiers mois de sa vie. L'angoisse de la séparation survient chez un bébé de 7 ou 8 mois. C'est un cheminement normal chez l'enfant qui découvre que sa mère ne fait pas partie de lui, qu'elle est une autre personne. Il commence à se sentir unique et il se prépare à s'ouvrir au monde qui l'entoure. Il est en train de prendre conscience de son « moi ». Durant cette période, il aime regarder son reflet dans le miroir, se découvrir et se reconnaître.

Un des comportements à travers lequel votre bébé va démontrer son inquiétude peut survenir lors de son sommeil :

alors qu'il faisait ses nuits, le voilà qui s'éveille à nouveau et pleure intensément. Le parent intervient alors pour le calmer en le berçant et le recouchant pratiquement endormi. Toutefois, soyez vigilant, car un bébé qui se met à se réveiller la nuit toujours à la même heure ne le fait pas à cause de l'angoisse de séparation. De fait, le bébé traverse plusieurs phases de sommeil léger dans la deuxième partie de la nuit et, lors d'un micro-réveil (il en a régulièrement durant toute la nuit), le risque qu'il s'éveille est augmenté. Si le parent devient très avenant lors des réveils nocturnes, il peut être assuré que le bébé l'interprétera comme une récompense à son comportement (s'éveiller en pleurant) et le répétera nuit après nuit. C'est ce que nous appelons de l'insomnie conditionnée. Le réveil nocturne (l'insomnie) est conditionné par la très grande gentillesse du parent qui met tout en œuvre pour calmer son bébé.

Un signe évident d'angoisse de séparation est que votre bébé, habituellement sociable et confiant, se cramponne à vous lorsque vous le faites garder à la maison ou lorsque vous le laissez à la garderie le matin. Il pleure à fendre l'âme quand vous partez.

Comment réagir ? Si vous soupçonnez que votre bébé est aux prises avec l'angoisse de séparation et qu'il a des réveils nocturnes, la première chose à vérifier est que cela ne soit pas dû à un inconfort quelconque : fièvre, froid, dentition, etc. S'il n'en est rien, rassurez votre bébé par des paroles tendres et douces tout en le recouchant. Évitez de le sortir du lit et de rendre ce moment trop agréable pour lui. Si vous le désirez, vous pouvez rester quelques minutes dans la chambre, mais assurez-vous d'avoir quitté la pièce avant qu'il ne s'endorme, car il sera pris de panique lors du prochain réveil si vous n'y êtes plus. S'il continue de pleurer fort et longtemps malgré votre intervention, vous pouvez aller le revoir au bout d'une vingtaine de minutes en répétant le même scénario. Si votre départ le met en colère (s'il intensifie ses pleurs au moment où vous quittez la pièce ou au moment où vous y rentrez), il est préférable de ne plus retourner le voir. Votre présence amplifiera sa colère et il mettra plus de temps à se calmer. Surtout, faites-lui confiance, votre bébé sait dormir, il peut y arriver.

Les pédiatres affirment que les cas plus extrêmes d'angoisse de séparation sont souvent liés au malaise ressenti par les parents et les autres personnes au moment de laisser un jeune enfant. Les petits sentent très vite la nervosité ou l'hésitation d'un parent qui ressent de l'angoisse à la pensée d'être séparé l'enfant. De fait, les deux plus fréquentes causes d'angoisse sont reliées à l'histoire personnelle des parents : l'une est leur propre anxiété de séparation, l'autre est leur incapacité de frustrer l'enfant. Un parent calme et rassurant est quelqu'un qui aide son enfant à accepter les personnes auxquelles il est confié et la nouveauté d'un environnement sûr.

CONCLUSION

S'achève maintenant votre lecture et débute le travail d'apprentissage avec votre bébé. Ce travail est demandant et loin d'être de tout repos. Vous devrez sans doute sacrifier votre sommeil à un moment où vous en aviez probablement le plus besoin. Peut-être songerez-vous à tout laisser tomber, mais en véritables héros, vous tiendrez bon ! Tout votre amour et votre dévouement porteront fruits, vous verrez. Non seulement votre bébé fera ses nuits, mais il gazouillera, fera du charme et saura s'emparer du cœur de tous ceux qui s'en approcheront. Ses nouvelles habitudes de sommeil auront directement pour effet de le rendre plus sociable, curieux, engageant, etc. Vous serez fier du travail accompli.

Rappelez-vous que de bonnes habitudes sont faciles (trop faciles) à perdre. Il vous faudra demeurer confiant, constant, persévérant et cohérent. Le sommeil de l'enfant va continuer de varier au fur et à mesure qu'il grandit et évolue. Il s'agit d'un travail assidu. Mais vous avez maintenant de bons outils.

Par ailleurs, il se peut que la famille et les amis trouvent difficile de constater que vous tenez à respecter le sommeil de votre bébé. Ils tenteront de semer le doute dans votre esprit et de vous laisser croire que ce n'est pas si grave s'il ne dort pas si bien. De grâce, faites-leur un beau sourire et changez de sujet, car ils ne peuvent comprendre ce que vous venez de traverser. Et parfois, ils sont tellement aux prises avec leurs propres problèmes de sommeil ou avec ceux de leurs enfants que cela peut devenir confrontant pour eux de découvrir qu'un bébé peut très bien dormir.

Enfin, si les problèmes de dodo vous paraissent toujours insurmontables ou si vous continuez de craindre que votre bébé ne soit jamais capable de changer, vous pouvez trouver davantage de soutien et d'encouragement en lisant *Comment aider mon enfant à mieux dormir*, d'autant plus qu'il vient avec un coupon-rabais pour une consultation téléphonique entre vous et moi. Le livre est disponible dans toutes les bonnes librairies et sur le site www.brigittelangevin.com. J'espère de tout cœur que vous entrerez en contact avec moi si vous êtes aux prises avec des problèmes ou si vous avez des questions qui n'ont pas été couvertes par cette publication. Le sommeil est une nécessité et non un luxe !

Annexe A

QUESTIONNAIRE POUR VÉRIFIER SI MON BÉBÉ DORT ASSEZ*

Malheureusement, il n'existe pas d'appareil qui permet de mesurer si votre bébé dort suffisamment. Le questionnaire suivant vous permettra d'évaluer dans quelle mesure les besoins de votre bébé en matière de sommeil sont comblés. Notez que chaque point pris isolément ne doit pas devenir une source d'inquiétude, c'est plutôt la somme de ceux-ci qui indiquera si votre bébé souffre d'une dette de sommeil.

Répondez par OUI ou NON à chacune des questions suivantes. Est-ce que votre bébé :

---

* Tobin, Cathryn. *Bébé fait ses nuits*, Montréal, Éditions de l'Homme, 2007, p. 27-28.

	Questions	O/N
1	S'endort dans la voiture dès qu'elle est en marche ?	
2	Résiste à l'essai de nouveaux aliments ?	
3	Semble gauche ?	
4	Nécessite constamment « toute » votre attention ?	
5	A toujours besoin d'être dans vos bras ?	
6	Est d'humeur instable, hypersensible ou irritable ?	
7	Devient de plus en plus agité à mesure que la journée avance ?	
8	Se réveille de mauvaise humeur ?	
9	Franchit ses étapes de croissance avec du retard ?	
10	Se frotte constamment les yeux ou lutte pour garder la tête droite ?	
11	Tombe endormi dès que vous l'installez dans la poussette ou la balançoire ?	

	Questions	O/N
12	Bâille fréquemment ?	
13	Tombe souvent endormi dans vos bras ?	
14	Semble extrêmement impatient ?	
15	Réagit si sa routine est le moindrement changée ?	
16	Est nonchalant une bonne partie de la journée ?	
17	Oppose de la résistance au moment d'aller au lit ?	
18	Réagit mal aux frustrations ?	
19	Dort moins que la moyenne des heures de sommeil recommandée pour son groupe d'âge ?	
20	Refuse de faire la sieste ?	

Compilation des résultats : additionnez tous les OUI et vous obtiendrez votre score final. Voici maintenant comment interpréter vos résultats :

0-5 : Votre bébé ne souffre pas d'un manque de sommeil.

6-10 : Le tempérament de votre bébé constitue en soi un défi.

11-15 : Votre bébé a besoin de plus de sommeil. Il est important d'y voir.

16-20 : Le manque de sommeil semble problématique. Il faut aller chercher de l'aide.

Annexe B

D'AUTRES RÉPONSES
À VOS QUESTIONS

Q : Je viens d'adopter un nourrisson, la stratégie peut-elle s'appliquer à lui ?

R : Selon les spécialistes en adoption, il est préférable au début de ne pas insister pour modifier ses habitudes de sommeil. Il a déjà beaucoup de changements à gérer. Renseignez-vous de votre mieux, en demandant le plus de détails possibles au sujet de la routine du dodo à laquelle votre bébé était habitué et tenez-vous-en à ce qu'il connaît déjà. En revanche, si votre bébé s'endort déjà très bien, ce qui est possible même chez les bébés adoptés, veillez à ne rien compromettre même s'il est difficile de vous en séparer le soir venu.

Q : Mon bébé dormait très bien jusqu'à ce qu'il tombe malade et, depuis les trois dernières semaines, il se réveille deux à trois fois par nuit. Est-ce passager ?

R : Sans même s'en rendre compte, plusieurs parents se font prendre au jeu du « attendons, on verra bien ». Ils perdent alors du temps à attendre que leur bébé cesse de se réveiller la nuit, alors qu'en fait, ce dont il a besoin, c'est qu'ils prennent les choses en main.

Q : Mon bébé grogne et gémit la nuit, est-il souffrant ?

R : Il est naturel chez certains bébés de gémir et de grommeler quand ils bougent la nuit. Parfois, ces manifestations sont aussi associées aux rêves. Vous pouvez aller voir si tout va bien, mais évitez de lui toucher s'il n'a rien d'apparent, car votre intervention risquerait de le réveiller.

Q : Mon bébé dort beaucoup plus le jour que la nuit, comment puis-je l'aider à renverser cette tendance ?

R : Les bébés ne naissent pas avec la notion du jour et de la nuit. Parfois, ils semblent dormir toute la journée et rester éveillés toute la nuit. On peut rapidement remédier à cette confusion entre le jour et la nuit en exagérant ce qui les différencie. Par exemple, lorsque vous donnez à boire à votre bébé, durant le jour, parlez-lui d'une voix chantante et animée, caressez ses cheveux et gardez la pièce lumineuse. Le soir ou la nuit, parlez doucement et chuchotez ; donnez-lui à boire et remettez-le simplement au lit. Éclairez la chambre avec une lampe de faible intensité et lorsque vous l'éteignez, préservez la noirceur. Juste avant de sortir, respirez profondément et lentement pour transmettre une impression de calme.

Q : Est-ce une bonne idée d'offrir de l'eau la nuit à mon bébé pour lui permettre de faire ses nuits ? Il a déjà 4 mois, est en bonne santé et pèse plus de 7 kg / 15 lb.

R : Offrir un biberon d'eau à la place du lait chaud peut parfois mettre un frein aux réveils nocturnes, comme si le bébé se disait : «*À quoi bon me réveiller si je n'obtiens que de l'eau ?*»

Q : Mon bébé se met à pleurer quand je le couche, peut-être a-t-il mal ?

R : Selon mon expérience, si un bébé est tout à coup de bonne humeur dès que vous le prenez, les douleurs physiques ne sont pas en cause.

Q : Mon bébé a été hospitalisé quelques jours. Il s'éveille désormais toutes les nuits alors qu'il dormait bien avant. Va-t-il se remettre à bien dormir bientôt ?

R : En matière d'habitudes de sommeil, les régressions sont inévitables après une hospitalisation. Accordez-vous du temps ainsi qu'à votre bébé pour récupérer avant de vous mettre à l'entraînement au sommeil. Entre-temps, réfléchissez bien à votre manière d'agir : plus vous permettrez la prise de mauvaises habitudes, plus le travail de rééducation sera difficile lorsque vous reprendrez l'entraînement.

Q : Mon bébé hurle la nuit et se raidit je ne sais pas pourquoi. Même la nourrir ne la calme pas. Est-ce que ce sont des cauchemars ou des terreurs nocturnes ?

R : Un nouveau-né ne peut pas vous dire pourquoi il pleure, car il ne le sait pas lui-même. Rien n'indique qu'il s'agissait d'une terreur nocturne ou même d'un cauchemar. Peut-être votre bébé était-il tout simplement fâché d'être réveillé tout d'un coup alors qu'il est si fatigué... Ce comportement indique toutefois qu'il n'est pas bien. Durant les premières semaines de la vie, jusqu'à 3 mois environ, il est parfois difficile, même pour le parent, de distinguer les différents types de pleurs. Surtout ne vous en faites pas si vous n'arrivez pas à comprendre ceux de votre bébé. Donnez-vous du temps à tous les deux. La prochaine fois que cela arrivera, assurez-vous que rien ne lui fait mal et prenez-le dans vos bras pour la calmer. S'il se raidit encore plus, redéposez-le dans son lit et laissez une main tendre et douce sur lui. Parlez-lui d'un ton confiant et calme et dites-lui que vous êtes désolée de ne pas comprendre ce qu'il a, mais que vous êtes là pour lui, vous verrez, il se calmera. Évidemment, il est important d'être calme soi-même, si vous paniquez devant votre impuissance, le bébé le ressentira et mettra plus de temps à se calmer. Afin d'éviter qu'un bébé fasse des terreurs nocturnes, le plus important est de s'assurer qu'il dort en quantité suffisante. La première cause des terreurs nocturnes est une dette de sommeil. Assurez-vous que votre bébé ne soit pas maintenu réveillé plus de 2 heures à la fois. Enfin, si vous soupçonnez que votre bébé souffre, il est important de consulter son pédiatre le plus tôt possible.

Q : Ma belle-sœur a mis en place la stratégie des 15 secondes avec son fils et en moins de deux jours, tout était réglé. Ma fille, du même âge, a mis près de 4 jours. Comment cela se fait-il ?

R : Surtout rassurez-vous, vous êtes une mère extraordinaire. Certains bébés ont plus de facilité à s'endormir et à rester endormis que d'autres. Les parents d'enfants « faciles » donnent l'impression que l'apprentissage au sommeil est simple. En revanche, certains bébés sont extrêmement sensibles et d'humeur très changeante ; leur apprendre à dormir est un supplice. Il importe de vous rappeler que le tempérament du bébé aura une influence sur sa capacité d'adaptation à chacune des étapes le menant à faire ses nuits. On ne peut pas changer le tempérament d'un enfant, toutefois on peut apprendre à l'apprécier et à en tirer parti.

BIBLIOGRAPHIE

BACUS, Anne. *Le sommeil de votre enfant*, Paris, Éditions Marabout, 2004, 283 p.

BRAZELTON, T. Berry, et Joshua D. SPARROW. *Apaiser son enfant*, Paris, Éditions Fayard, 2004, 140 p.

CHALLAMEL, Marie-Josèphe, et Marie THIRION. *Mon enfant dort mal*, coll. Évolution, Paris, Pocket, 2003, 383 p.

GAGNIER, Nadia. *Chut ! Fais dodo...*, Vive la vie... en famille – Volume 3, Montréal, Éditions La Presse, 2007, 80 p.

GALARNEAU, Sylvie. *Fais dodo mon trésor*, Montréal, Bayard Canada, 2008, 320 p.

FERBER, Richard. *Protégez le sommeil de votre enfant*, coll. La vie de l'enfant, Thiron, ESF éditeur, 1990, 237 p.

HOGG, Tracy. *Les secrets d'une charmeuse de bébé*, Paris, Éditions J'ai lu, 2004, 208 p.

LECENDREUX, Dr Michel. *Le sommeil*, Paris, Éditions J'ai lu, 2003, 275 p.

MARTELLO, Evelyne. *Enfin je dors... et mes parents aussi*, Montréal, Éditions du CHU Sainte-Justine, 2007, 120 p.

NEMET-PIER, Lyliane. *Moi, la nuit, je fais jamais dodo...*, Paris, Fleurus Éditions, 2000, 196 p.

SOLTER, Aletha. *Mon bébé comprend tout*, Paris, Éditions Marabout, 2007, 377 p.

SOLTER, Aletha. *Pleurs et colères des enfants et des bébés*, Saint-Julien-en-Genevois, Éditions Jouvence, 1999, 192 p.

TOBIN, Cathryn. *Bébé fait ses nuits*, Montréal, Éditions de l'Homme, 2007, 240 p.

WILSON, Paul, et Tania WILSON. *Mère calme, enfant calme*, Paris, Éditions J'ai lu, 2004, 175 p.

WINNICOTT, Donald W. *De la pédiatrie à la psychanalyse*, Paris, Payot, 1989, 464 p.

À PROPOS DE L'AUTEURE

Brigitte Langevin est conférencière et formatrice en francophonie, au Canada et en Europe. Elle tente de favoriser chez les gens un meilleur sommeil et une compréhension plus profonde des bienfaits d'un travail sur les rêves. Elle a également développé une certaine expertise sur les questions touchant la compréhension des dessins d'enfants.

Son dynamisme, son humour et sa facilité à vulgariser des concepts théoriques et scientifiques font d'elle une conférencière très populaire. Elle amène ainsi les individus à prendre en charge leur sommeil et leurs rêves ainsi qu'à assumer leur rôle de parents ou d'éducateurs, tout en démystifiant les dessins d'enfants.

Auteure prolifique, elle a publié à ce jour huit ouvrages.

– *Rêves & Créativité* s'adresse à tous ceux qui ont à cœur de développer leur potentiel de créativité par les rêves, tant dans le domaine personnel et artistique que dans le domaine professionnel et scientifique.

– *S.O.S. Cauchemars* permet de comprendre la cause des différents cauchemars, de les interpréter et de leur donner un sens. L'ouvrage propose également une méthode efficace pour s'en prémunir.

– *Le rêve et ses bénéfices* offre des témoignages inspirants qui vous donneront le goût de vous occuper de vos rêves. Ce livre expose avec simplicité une méthode facile à mettre en pratique pour comprendre les messages de ses rêves et en bénéficier pleinement.

– *Comment aider mon enfant à mieux dormir* offre aux parents et aux éducateurs tous les outils pour surmonter les différents problèmes liés au sommeil des enfants. Ce guide énonce les pièges à éviter et les stratégies éprouvées pour surmonter les difficultés.

– *Mieux dormir... j'en rêve !* propose de répondre aux questions les plus fréquemment posées sur le sujet et concernant tous les âges : de l'étudiant à la personne âgée, de l'homme d'affaires stressé à la femme enceinte. Ce livre fournit de l'information essentielle sur les conditions d'un bon sommeil en guidant aussi le lecteur vers des moyens concrets et des solutions thérapeutiques pour mieux dormir.

– *Une discipline sans douleur* propose des méthodes d'intervention efficaces, pratiques et non violentes pour corriger les attitudes indésirables et inculquer de saines habitudes de vie. De plus, les différentes stratégies sont appuyées de nombreux exemples concrets, selon les groupes d'âge.

– *Comprendre les dessins de mon enfant* est un guide pratique pour vous permettre de devenir des parents ou éducateurs avisés et capables de voir au-delà de l'aspect pictural du dessin. Vous y trouverez suffisamment de matériel pour analyser les dessins de votre enfant sous un tout autre angle.

— *La sieste chez l'enfant* permet de connaître les moyens de bien intégrer la sieste à la vie de l'enfant, dans le respect de ses besoins et en lui permettant de s'y adonner de façon agréable. Truffé de témoignages et d'exemples concrets.

Pour obtenir des informations concernant les prochaines activités de Brigitte Langevin, veuillez communiquer avec elle à l'une des adresses suivantes :

Courriel
contact@brigittelangevin.com

Site Internet
www.brigittelangevin.com

Facebook
Brigitte Langevin

BRIGITTE LANGEVIN
Préface de Germain Duclos, psychoéducateur et orthopédagogue

NOUVELLE ÉDITION

Comment aider mon enfant
à mieux dormir

De la naissance
à l'adolescence

Les rêves et du sommeil

ÉDITIONS DE

BRIGITTE LANGEVIN
Préface du Dr Jean Drouin

Mieux dormir...
j'en rêve!

Stratégies pour mieux
dormir adaptées à la
femme et l'homme
modernes

Les rêves et du sommeil

ÉDITIONS DE

BRIGITTE LANGEVIN

ÉDITION REVUE ET AUGMENTÉE

Une discipline
sans douleur

Dire non
sans marchandage,
sans cris et
sans fessée

ÉDITIONS DE MORTAGNE

BRIGITTE LANGEVIN

Comprendre
les dessins de
mon enfant

ÉDITIONS DE MORTAGNE

BRIGITTE LANGEVIN

La sieste
chez l'enfant

Préface du
Dr François Dumesnil,
psychologue

ⴹ|||
ÉDITIONS DE MORTAGNE

MARQUIS

Québec, Canada

RECYCLÉ
Papier fait à partir
de matériaux recyclés
FSC® C103567

100 %

Imprimé sur du papier 100 % recyclé